Advanced Purchasing & SCM

Herausgegeben von
E. Hofmann, St. Gallen, Schweiz
J. Hofstetter, St. Gallen, Schweiz
T. Klaas-Wissing, St. Gallen, Schweiz
W. Stölzle, St. Gallen, Schweiz

Aufgrund der zunehmenden Globalisierung und der damit einhergehenden Reduzierung der Wertschöpfungstiefe zahlreicher Unternehmen hat die Bedeutung von Beschaffung und Supply Chain Management in den letzten Jahren stark zugenommen. Die Reihe „Advanced Purchasing & SCM" leistet einen Beitrag, der gestiegenen Bedeutung dieser Themengebiete gerecht zu werden. Die Publikationen behandeln aktuelle Fragestellungen sowie Innovationen und Exzellenz-Ansätze im Management von Wertschöpfungsnetzwerken und verknüpfen theoretische Konzepte mit praktischen Anwendungen. Die Reihe wird vom „Lehrstuhl für Logistikmanagement" der Universität St.Gallen herausgegeben und richtet sich an Wissenschaftler sowie an Fach- und Führungskräfte in der Wirtschaft.

Herausgegeben von
Erik Hofmann   Thorsten Klaas-Wissing
St. Gallen, Schweiz   St. Gallen, Schweiz

Jörg Hofstetter   Wolfgang Stölzle
St. Gallen, Schweiz   St. Gallen, Schweiz

Weitere Bände in dieser Reihe
http://www.springer.com/series/8869

Markus Gogolin • Thorsten Klaas-Wissing

„GreenTool" als Grundlage für das CO_2-Management

Ein CO_2-Berechnungs-Werkzeug für mittelständische Logistikdienstleister

Springer Gabler

Markus Gogolin
Lehrstuhl für Logistikmanagement
Universität St. Gallen
St. Gallen
Schweiz

Thorsten Klaas-Wissing
Universität St. Gallen
St. Gallen
Schweiz

Mitfinanziert durch die KTI Kommission für Technologie und Innovation

Advanced Purchasing & SCM
ISBN 978-3-662-45520-3   ISBN 978-3-662-45521-0 (eBook)
DOI 10.1007/978-3-662-45521-0

Die Deutsche Nationalbibliothek verzeichnet diese Publikation in der Deutschen Nationalbibliografie; detaillierte bibliografische Daten sind im Internet über http://dnb.d-nb.de abrufbar.

Springer Gabler

Gedruckt auf säurefreiem und chlorfrei gebleichtem Papier

Springer-Verlag Berlin Heidelberg ist Teil der Fachverlagsgruppe Springer Science+Business Media
(www.springer.com)

Geleitwort zur Schriftenreihe

Der Trend zur Globalisierung und zunehmenden Arbeitsteilung sowie die rasante Entwicklung der Informations- und Kommunikationstechnologie haben zu weltweiten, durch Material-, Informations- und Finanzmittelflüsse verbundenen Wertschöpfungsnetzwerken geführt. Diese globalen Supply Chains stellen aufgrund ihrer Komplexität und der länderübergreifenden Struktur große Herausforderungen an die beteiligten Akteure.

Dem Supply Chain Management kommt dabei die Aufgabe zu, unter Beachtung ökonomischer, ökologischer und sozialer Aspekte (Stichwort: Nachhaltigkeit), Wertschöpfungsnetzwerke nach den Bedürfnissen der Endkunden zu planen und zu lenken. Eine professionelle Beschaffungsfunktion (Advanced Purchasing) umfasst dabei das ganzheitliche Management aller Prozesse zur Versorgung eines Unternehmens mit den benötigten Gütern aus unternehmensexternen Quellen. Dabei steht zunächst das Ziel der Realisierung von Wettbewerbsvorteilen des eigenen Unternehmens im Vordergrund. Durch die Verknüpfung der Beschaffung mit dem Supply Chain Management können darüber hinaus unternehmensübergreifende Verbesserungen erzielt und nachhaltig gefestigt werden.

Beschaffung als Bestandteil von Supply Chain Management zählt zu den zentralen Managementaufgaben – in vielen Unternehmen sind sie bereits in der obersten Führungsebene verankert. Aufgrund dieser Relevanz sind Einkäufer und Supply Chain Manager bereits heute nicht mehr ausschließlich auf die Reduzierung von Kosten fokussiert, sondern tragen zur Differenzierung von Unternehmen und Wertschöpfungsnetzwerken bei. Die Auseinandersetzung mit Themen wie Sortimente, Risikomanagement, Finanzierung oder Nachhaltigkeits- und Qualitätsmanagement in der Supply Chain wird in den kommenden Jahren aufgrund neuer Herausforderungen steigen. Dazu kommen sich ändernde politische Rahmenbedingungen, Oligopole auf Anbietermärkten oder Ressourcenengpässe.

Trotz der großen praktischen Bedeutung der Beschaffung und des Supply Chain Managements erscheinen diese zukünftigen Herausforderungen aus wissenschaftlicher Sicht noch nicht ausreichend gewürdigt. So wurde die Verbindung zwischen Einkauf und dem Supply Chain Management, unter Berücksichtigung weiterer Themenfelder in der Logistik, bislang nicht umfänglich erforscht. Die Buchreihe „Advanced Purchasing & Supply Chain Management" soll einen Beitrag dazu leisten, diese Lücken zu schließen. Damit einher geht der Anspruch, sowohl für die Wissenschaft als auch für die Praxis einschlägigen Nutzen zu generieren.

Die Realisierung dieser Zielsetzung wurde vom „Kerkhoff Competence Center of Supply Chain Management" – einer gemeinsamen Exzellenzplattform von Kerkhoff Consulting und dem Lehrstuhl für Logistikmanagement der Universität St.Gallen (LOG-HSG) – initiiert und wird jetzt vom LOG-HSG weitergeführt. Das Ziel des Lehrstuhls ist es mit dieser Reihe, eine aktive Schnittstelle zwischen Wissenschaft und Praxis zu schaffen, um Trends und Herausforderungen in Einkauf, Beschaffung und Supply Chain Management im Zusammenspiel mit Fragestellungen in der Logistik und im Güterverkehr zu analysieren sowie Handlungsempfehlungen für die Praxis abzuleiten.

Die Beiträge der Buchreihe „Advanced Purchasing & Supply Chain Management" behandeln aktuelle Fragestellungen sowie Innovationen und Exzellenz-Ansätze im Management von Wertschöpfungsnetzwerken. Durchgängig werden theoretische Konzepte mit praktischen Anwendungen verknüpft. Die Autoren setzen sich aus Forschern der Universität St.Gallen, Wissenschaftlern weiterer führender internationaler Forschungseinrichtungen mit den Schwerpunkten Beschaffung und Supply Chain Management sowie Experten aus der Praxis zusammen. Durch die Bildung von teilweise gemischten Autorenteams aus Wissenschaft und Praxis entsteht eine enge Verzahnung dieser Bereiche.

Im ersten Band der Reihe werden ausgehend von der Situation eines erhöhten Kapitalbedarfs bei gleichzeitig zurückhaltender Kreditvergabe der Banken, Konzepte zur Ermittlung und Stärkung der Innenfinanzierungskraft aus Unternehmenspraxis- und aus Supply Chain-Sicht und damit „Wege aus der Working Capital-Falle" vorgestellt. Ferner werden konkrete Handlungsempfehlungen für Einkaufsverantwortliche und Supply Chain Manager ausgesprochen, um die finanzielle Wettbewerbsfähigkeit des eigenen Unternehmens und der Wertschöpfungspartner zu steigern.

Im zweiten Band wird das Thema Investitionsgütereinkauf aufgegriffen. Bezugnehmend auf die besonderen Herausforderungen, die der Investitionsgütereinkauf an die beteiligten Akteure stellt, werden Instrumente und Methoden erläutert, mit denen diesen Herausforderungen begegnet werden kann. Der Prozess zur Beschaffung von Investitionsgütern dient dazu, den komplexen Beschaffungsprozess zu strukturieren und die relevanten Instrumente und Methoden darin zu positionieren. Das Buch leistet damit einen Beitrag zur Professionalisierung eines in der Literatur bisher wenig beachteten Erfolgsfaktors des Beschaffungsmanagements.

Im dritten Band der Reihe steht die Erfolgsmessung und die Gestaltung von Anreizsystemen im Einkauf im Vordergrund. Dabei werden die Erfolgsmessung im Einkauf und der Lieferanten-Abnehmer-Beziehung, Lieferantenbewertung, ganzheitliche Systeme zur Erfolgsmessung sowie erfolgsorientierte Anreizsysteme vorgestellt und diskutiert. Getreu dem Motto „you can't manage what you can't measure", können Unternehmen mit Hilfe des vorgestellten Methodensets ihre Steuerung des Einkaufs maßgeblich verbessern. Durch die Vorgabe von Zielen, der Messung der relevanten Größen und der anschließenden Rückkopplung an die Steuerung des Einkaufs können die im Einsatz befindlichen Instrumente voll zur Geltung gebracht werden.

Im vierten Band der Reihe wird im Rahmen einer empirischen Untersuchung die Erfolgs- und Savingmessung beim Investitionsgütereinkauf untersucht. Damit werden die Themen des zweiten und dritten Bandes der Buchreihe im Rahmen einer Studie kombiniert. Die Studie basiert auf einer Untersuchung, die im Rahmen der Dissertation von Dr. Daniel Maucher durchgeführt wurde und präsentiert praxisrelevante Ergebnisse der Untersuchung.

Das vorliegende Buch repräsentiert den fünften Band der Reihe. Mit den Eckpfeilern eines CO_2-Accountings bei Logistikdienstleistern adressieren die Autoren erstmalig in dieser Reihe das Themenfeld des Nachhaltigkeitsmanagements, was für Dienstleistungen einkaufender Unternehmen zunehmend an Relevanz gewinnt. Die Kompetenz- und Schlüsselbereiche eines CO_2-Accountings werden systematisch strukturiert und im Lichte der Anwendbarkeit sowie Umsetzbarkeit bei mittelständischen Logistikdienstleistern aufbereitet. Darüber hinaus wird ein IT-seitiger Lösungsansatz vorgestellt, mit dem unternehmensspezifische Emissionskennzahlen ressourceneffizient ermittelt werden können. Die zentralen Erkenntnisse, die in diesem Band vorgestellt werden, resultieren aus dem von der KTI-mitfinanzierten Forschungsprojekt „GreenTool".

Die Herausgeber der Schriftenreihe wünschen den Lesern dieses Bands ein ausgeprägtes Interesse sowie zahlreiche Anregungen zur praktischen Umsetzung der behandelten Themen.

St. Gallen, Schweiz   Wolfgang Stölzle
im Oktober 2014   Erik Hofmann
                                                                              Jörg Hofstetter
                                                                      Thorsten Klaas-Wissing

Vorwort

Heutzutage sind Logistikdienstleister immer stärker integrativer Bestandteil komplexer Wertschöpfungsnetzwerke. Dabei werden die Unternehmen der Logistikbranche mit wachsenden Anforderungen ihrer Auftraggeber konfrontiert – und das längst nicht mehr nur bezüglich Preis und Leistungsqualität. Die Berechnung und gezielte Auswertung von Treibhausgasemissionen gewinnt in der täglichen Praxis zunehmend an Bedeutung.

Daher sind Anforderungen an Logistikdienstleister bezüglich der Bereitstellung aussagekräftiger Emissionskennzahlen (CO_2-Accounting) und der Umsetzung des CO_2-Managements in der Vergangenheit stark gestiegen und werden sich auch zukünftig weiter erhöhen. Dies führt dazu, dass ein CO_2-Accounting zu einer strategischen Notwendigkeit für die Unternehmen avanciert. Ein Blick in die Branche verrät jedoch, dass bisher eine geringe Verbreitung des CO_2-Accountings bei Logistikdienstleistern vorliegt, was massgeblich auf die mit der Umsetzung einhergehenden Herausforderungen zurückzuführen ist. Hierbei können exemplarisch die Festlegung von Systemgrenzen, die Allokation von Emissionen, aber im Besonderen die Datenverfügbarkeit in den eigenen IT-Systemen aufgeführt werden.

Mit dem von der KTI (Kommission für Technologie und Innovation) mitfinanzierten Forschungsprojekt „GreenTool", sind diese Herausforderungen gezielt adressiert worden. In einem Projektkonsortium, bestehend aus dem Lehrstuhl für Logistikmanagement der Universität St.Gallen, fünf Logistikdienstleistern (Camion Transport AG, Häusle Schweiz AG, Schöni Transport AG, Sieber Transport AG und Walter Rhyner AG) sowie drei Vermarktungs- und Implementierungspartnern (ASTAG, myclimate, SPEDLOGSWISS) wurden erstmalig auf einer fundierten wissenschaftlichen Basis, praxisrelevante Gestaltungs- und Implementierungsempfehlungen für ein CO_2-Accounting bei mittelständischen Logistikdienstleistern entwickelt. Die Kernergebnisse der Projektierung sind in ein Access-basiertes CO_2-Berechnungs-Werkzeug und das vorliegende Handbuch zum CO_2-Accounting geflossen.

Den Lesern dieses Handbuchs wünschen wir viel Vergnügen bei der Lektüre und ebenfalls zahlreiche Anregungen für die praktische Umsetzung eines CO_2-Accountings im eigenen Unternehmen.

Josef A. Jäger
Direktor, Verwaltungsratspräsident Camion Transport AG

Andreas Hollenstein
Leiter Infrastruktur & Umwelt Camion Transport AG

Inhaltsverzeichnis

Abbildungsverzeichnis

Tabellenverzeichnis

Glossar

Allokation Bei der Allokation werden die berechneten CO_2-Emissionen auf relevante Bezugsgrößen, die Aktivitäten des Unternehmens widerspiegeln, zugeordnet.

CO_2-Accounting Das CO_2-Accounting umfasst die systematische Berechnung, Aufbereitung, Auswertung und das Reporting von Emissionskennzahlen unter Berücksichtigung international anerkannter Standards.

CO_2-Management Das CO_2-Management beinhaltet die Organisation, Planung, Steuerung und Kontrolle der im operativen Betrieb verursachten CO_2-Emissionen.

CO_2-Fußabdruck CO_2-Fußabdrücke stellen aggregierte Grössen von CO_2-Emissionen in verschiedenen Betrachtungsausschnitten innerhalb einer Transportkette dar.

Unternehmens-CO_2-Fußabdruck Ein Unternehmens-CO_2-Fußabdruck umfasst die Scope 1- und 2-Emissionen.

Logistik-CO_2-Fußabdruck Ein Logistik-CO_2-Fußabdruck beinhaltet Scope 1-, 2- und 3-Emissionen.

Energie- und Fahrzeugprozess/Well-to-Wheel (WTW) WTW stellt die Summe von CO_2-Emissionen in Energie- und Fahrzeugprozessen dar.

Energieprozess/Well-to-Tank (WTT) WTT umfasst sämtliche Emissionen, die auf den Stufen der Produktion inklusive dem Transport von Kraftstoffen (z. B. Diesel) bis zur Tankstelle verursacht werden.

Fahrzeugprozess/Tank-to-Wheel (TTW) TTW beinhaltet die Emissionen, die direkt bei der Verbrennung in den Hauptmotoren (für den Fahrantrieb) und den Hilfsmotoren (Wärme-/Kältetechnische Einrichtungen) des Fahrzeugs anfallen.

Fahrzeugeinsatzsystem (VOS) Ein VOS stellt eine einheitliche (homogene) Gruppe von operativ eingesetzten Fahrzeugen dar, die entsprechend unternehmensspezifischer Anforderungen (z. B. Flottenstruktur, Einsatzfeld und sonstiger relevanter Kriterien) innerhalb eines festgelegten Zeitraums zu gruppieren sind. Im VOS sind sämtliche anfallenden Leerfahrten in Bezug auf die Fahrzeugeinsätze zu berücksichtigen.

Fahrzeuggruppen Fahrzeuggruppen können in einem Spektrum von einzelnen Fahrzeugen (z. B. auf Tourenbasis) über unternehmensspezifisch zu definierende Fahrzeuggruppen bis hin zum gesamten Fuhrpark des Unternehmens gebildet werden.

Kohlenstoffdioxid-Äquivalent (CO$_2$e) Kohlenstoffdioxid-Äquivalente bilden einen einheitlichen Faktor, der einen Vergleich unterschiedlicher Treibhausgase, entsprechend des Global Warming Potentials (Klimaschädlichkeit), ermöglicht.

Lastfahrt Eine Lastfahrt stellt einen Streckenabschnitt eines Verkehrsträgers dar, auf dem Fracht transportiert wird.

Leerfahrt Leerfahrten sind Streckenabschnitte eines Verkehrsträgers, auf denen kein Frachtgut transportiert wird.

Wirkungsbereiche (Scopes) Scopes stellen operative Grenzen bei der Berechnung von CO$_2$-Fußabdrücken dar. Die Standards zum CO$_2$-Accounting unterscheiden zwischen drei unterschiedlichen Wirkungsbereichen.

Scope 1- Emissionen Scope 1-Emissionen umfassen die direkten Emissionen aus Quellen, die vom Unternehmen kontrolliert werden (z. B. Verbrennung von Kraftstoffen in eigenen Fahrzeugen).

Scope 2- Emissionen Scope 2-Emissionen beinhalten indirekte Emissionen, die bei der Erzeugung von Strom anfallen, der vom Unternehmen zugekauft wird.

Scope 3- Emissionen Scope 3-Emissionen stellen indirekte Emissionen dar, die durch die Aktivitäten des Unternehmens in Transportketten hervorgerufen werden und deren Quellen sich weder im Besitz des Unternehmens befinden, noch von diesem kontrolliert werden.

Standards zum CO$_2$-Accounting Standards zum CO$_2$-Accounting definieren Richtlinien und Vorgaben zur Sicherstellung einer einheitlichen Vorgehensweise bei der Erfassung, der Berechnung und der Allokation von Treibhausgasemissionen.

Motivation und Zielsetzung

Die mit dem Gütertransport einhergehenden Umweltbelastungen haben dazu geführt, dass **ökologische Aspekte des Güterverkehrs** stärker in den Fokus der Europäischen und Schweizer Verkehrspolitik rücken. Auf europäischer Ebene entfallen rund 30 % der verursachten Emissionen auf den Transportbereich (vgl. IEA 2009). Darüber hinaus verzeichnete der Transportbereich als einziger Sektor in den letzten 10 Jahren einen signifikanten Anstieg der Treibhausgasemissionen. Diese Entwicklung hat maßgeblich dazu beigetragen, dass die Europäische Kommission im Weißbuch vom März 2011 für den Verkehr konkrete Treibhausgasreduktionsziele formuliert hat. So ist bis 2050 ein Rückgang der CO_2-Emissionen um bis zu 60 % als Ziel formuliert worden (vgl. Europäische Kommission, Generaldirektion Mobilität und Verkehr 2011). Als erstes europäisches Land hat zudem Frankreich gesetzlich verankert, dass ab Oktober 2013 für alle Transportdienstleistungen, die auf französischem Staatsgebiet beginnen oder enden, Well-to-Wheel CO_2-Emissionen zu berechnen und an die Auftraggeber zu reporten sind. Diese Ausweispflicht soll nicht nur auf Rechnungen (nach der Auftragsdurchführung), sondern auch für Angebote bestehen. Der Auftraggeber erhält so die Möglichkeit, schon bei der Auftragsvergabe die CO_2-Effizienz eines Transportunternehmens einzuschätzen und dies in den Auswahlprozess einfließen zu lassen (vgl. Ministère de l'Écologie, du Développement durable et de l'Énergie 2012).

In der **Schweiz** wird insbesondere die Klimapolitik die Rahmenbedingungen für Logistikdienstleister beeinflussen. So trat im Jahr 2000 das erste CO_2-Gesetz in Kraft, das in Einklang mit den internationalen Vorgaben eine Reduktion der CO_2-Emissionen aus der energetischen Nutzung fossiler Brenn- und Treibstoffe im Zeitraum von 2008 bis 2012 um 10 % (ca. 4.1 Mio. t CO_2) im Vergleich zum Basisjahr 1990 verlangte. Das selbst formulierte Reduktionsziel konnte, trotz umfangreicher Maßnahmenbündel, nicht erreicht werden. Insgesamt ist der Ausstoß in diesem Zeitraum um 1,6 Mio. t CO_2, dies entspricht ca. 4 %, gesunken (vgl. UVEK 2014).

Bereits im Jahr 2012 wurde das revidierte CO_2-Gesetz erlassen, das per 1. Januar 2013 in Kraft getreten ist. Das Gesetz schreibt eine weitere Reduktion der Treibhausgase von mindestens 20 % bis 2020, wiederum zum Basisjahr 1990, vor. Um diese Zielvorgabe zu erreichen, ist vom Bundesrat ein umfangreiches Maßnahmen-

© Springer-Verlag Berlin Heidelberg 2015
M. Gogolin, T. Klaas-Wissing, *„GreenTool" als Grundlage für das CO₂-Management,*
Advanced Purchasing & SCM 5, DOI 10.1007/978-3-662-45521-0_1

bündel verabschiedet worden, wobei im Besonderen die Kompensationspflicht von CO_2-Emissionen für Importeure von Treibstoffen Auswirkungen auf den Logistiksektor haben wird. Diese löst den bis 2012 befristeten Klimarappen ab. Kompensationspflichtig sind Importeure von Benzin, Diesel, Erdgas und Kerosin ab einer Schwelle von etwa 380.000 L Kraftstoff (entspricht ca. 1000 t CO_2). Mit dieser Maßnahme wird insgesamt eine Emissionsreduktion im Umfang von 1,5 Mio. t CO_2 angestrebt, was in Summe ca. 10 % der CO_2-Emissionen im Verkehrsbereich entspricht. Dabei kann der Bundesrat den zu kompensierenden Anteil an den Treibhausgasemissionen (Kompensationssatz) in einer durchschnittlichen Bandbreite von 5 bis 40 % festsetzen, wobei die Kosten 5 Rappen je Liter nicht übersteigen dürfen. Derzeit ist vorgesehen, dass der Kompensationssatz in drei Stufen angehoben wird (vgl. UVEK 2014):

- 2 % für die Jahre 2014 und 2015
- 5 % für die Jahre 2016 und 2017
- 8 % für die Jahre 2018 und 2019
- 10 % für das Jahr 2020.

Ergreifen Logistikdienstleister keine gezielten Maßnahmen zur konsequenten CO_2-Reduktion, kann der Bundesrat zur Erreichung seiner ambitionierten Umweltziele den Kompensationssatz anpassen oder weitere verkehrspolitische Instrumente (z. B. CO_2-Vorgabewerte für neu immatrikulierte Lastkraftwagen) einsetzen, um regulierend in den Markt einzugreifen. Dies würde zu einer Verteuerung der Transportkosten führen und die Ertragskraft von Logistikdienstleistern schwächen, wenn sie die hohen Preise nicht durchsetzen können.

Umweltthemen im Bereich des Güterverkehrs, die Bestandteil der aktuellen Nachhaltigkeitsdiskussion sind, haben sich in den letzten Jahren zu einem **strategischen Zukunftsthema** für Transportunternehmen entwickelt. Ein bedeutender Aspekt der Nachhaltigkeit ist, insbesondere vor dem Hintergrund der internationalen sowie nationalen Klimadiskussion, im **CO_2-Management (Emissions-Management, Management der Treibhausgase)** zu sehen. Das CO_2-Management umfasst dabei die Organisation, Planung, Steuerung und Kontrolle der im operativen Betrieb emittierten CO_2-Emissionen eines Unternehmens. Ziel ist es, bestehende Defizite im operativen Betrieb aufzudecken und die CO_2-Effizienz durch gezielte Maßnahmen konsequent zu erhöhen.

Zusätzlich zu den wachsenden politischen Anforderungen gewinnt das CO_2-Management auch aus ökonomischer Perspektive sukzessive an Bedeutung. Mittelständische Logistikdienstleister sind, wie auch die großen Anbieter der Logistikbranche, immer stärker in komplexe Transportnetzwerke integriert. Dabei werden auch Mittelständler mit wachsenden Anforderungen ihrer Auftraggeber hinsichtlich umweltfreundlichen Handelns konfrontiert. Die Erfassung und gezielte Auswertung von Treibhausgasemissionen spielt dabei eine immer größere Rolle. Verladende Industrie- und Handelsunternehmen, wie auch Speditionsunternehmen, die in ihren Branchen eine Vorreiterrolle einnehmen, überwachen und verfolgen nicht nur die im eigenen Unternehmen erzeugten, sondern alle, entlang der Transportkette anfallenden Emissionen. Hierfür ist es erforderlich, dass alle Akteure in der Transportkette Emissionskennzahlen in unterschiedlichen Granularitäten – bis auf Sendungs- und Produktebene heruntergebrochen – bereitstellen. Dies hat nach gleichen Richtlinien und Vorgaben zu erfolgen, um aussagekräftige und vergleichbare Emissionskennzahlen in Transportketten ermitteln zu können. Unterstrichen werden diese Aussagen durch die Ergebnisse des Supply Chain Reports des Carbon Disclosure Projects. Demnach planen 56 % der internationalen Konzerne nur noch Lieferanten zu beauftragen, deren CO_2-Management nachweislich bestimmten Kriterien entspricht (vgl. CDP 2012).

Große, international agierende Logistikdienstleister haben diesen Trend bereits erkannt und sich frühzeitig mit dem Thema CO_2-Management auseinandergesetzt. Mit großem Ressourceneinsatz wurden dabei unternehmensspezifische Lösungsansätze entwickelt, die bereits im operativen Tagesgeschäft Einsatz finden. Es zeigt sich jedoch, dass aufgrund der Heterogenität der Logistikdienstleistungen und uneinheitlichen Annahmen, die sich im Besonderen in unterschiedlichen Berechnungsmethoden zeigen, eine Vergleichbarkeit der Emissionskennzahlen bisher nicht erzielt werden konnte. Von ihren Subunternehmern, häufig mittelständische Logistikdienstleister, fordern Verlader zunehmend belastbare, transparent berechnete und vergleichbare CO_2-Emissionskennzahlen ein.

Die sich ändernden politischen Rahmenbedingungen in Europa und in der Schweiz sowie die wachsenden Anforderungen der Verlader, aber auch der großen Logistikdienstleister, werden den Druck auf mittelständische Logistikdienstleister erhöhen, sich mit dem Thema CO_2-Management intensiv auseinanderzusetzen.

Die derzeit geringe Verbreitung im Mittelstand verdeutlicht jedoch, dass die Ausgestaltung und Umsetzung des CO_2-Managements bisher eine **große Hürde** für mittelständische Logistikdienstleister darstellt. Dies kann u. a. auf die bestehenden **Rahmenbedingungen bei mittelständischen Logistikdienstleistern** zurückgeführt werden, die durch knappe **finanzielle und personelle Ressourcen** sowie die Fokussierung auf die **Bewältigung des Tagesgeschäfts** geprägt sind.

Im – von der KTI mitfinanzierten – Forschungsprojekt „GreenTool – CO_2-Berechnungs-Werkzeug für mittelständische Logistikdienstleister als Grundlage für das CO_2-Management" wurde das Ziel verfolgt, diese Hürden weitgehend abzubauen. In einem Konsortium, bestehend aus fünf Schweizer Logistikdienstleistern und weiteren einschlägigen Fachexperten, sind die Eckpunkte eines Emissions-Managements mit speziellem Blick auf die Besonderheiten sowie Bedürfnisse von mittelständischen Logistikdienstleistern erarbeitet worden. Dabei sollten die Anforderungen an ein CO_2-Management nicht nur bei den teilnehmenden Wirtschaftspartnern abgedeckt werden, sondern darüber hinaus Erkenntnisse generieren, die breit in der Logistikbranche Anwendung finden können.

Grundlage für die Umsetzung eines CO_2-Managements im Unternehmen bildet das CO_2-Accounting, das die systematische Berechnung, Aufbereitung, Auswertung und das Reporting von Emissionskennzahlen unter Berücksichtigung international anerkannter Standards umfasst. Die reine Messung von CO_2-Emissionen erfüllt dabei keinen Selbstzweck, sondern dient als Erkenntnishilfe, um den Umfang der selbst verursachten Emissionen festzustellen und konkrete Emissionsreduktionsziele zu formulieren. Gestützt auf die Informationen aus dem CO_2-Accounting sind die wesentlichen Emissionstreiber im Unternehmen zu identifizieren und konkrete Maßnahmen zur Emissionsreduzierung zu priorisieren. Darüber hinaus können, mit Hilfe des CO_2-Accountings, Auftraggebern die geforderten Emissions-Kennzahlen in entsprechender Qualität bereitgestellt werden. Zur Umsetzung des CO_2-Accountings sind insbesondere ein **gezielter Wissensaufbau** und ein **geeignetes operatives Instrumentarium** erforderlich. Daher stellt die Entwicklung einer anwenderfreundlichen **Pilotversion eines CO_2-Berechnungs-Werkzeuges**, welches ein branchenkompatibles EmissionsManagement bei einem mittelständischen Unternehmen ermöglicht, den zentralen Bestandteil des Forschungsprojekts dar.

Mit dem vorliegenden Buch wird das Ziel verfolgt, dem Leser einen kompakten Einblick in die Funktionsweise und Grundlogiken des entwickelten CO_2-Berechungs-Werkzeugs „GreenTool" zu vermitteln und somit die Anwendung des Tools im operativen Betrieb zu erleichtern. Darüber hinaus werden im Handbuch die Schlüssel- und Kompetenzbereiche des CO_2-Accountings systematisch vorgestellt. Bestehende Handlungsspielräume der Standards zum CO_2-Accounting werden erläutert sowie im Lichte der Umsetzbarkeit bei mittelständischen Logistikdienstleistern diskutiert und bewertet. Da die Datenverfügbarkeit in den IT-Systemen von Logistikdienstleistern variieren, wird jeweils ein Spektrum möglicher standardkonformer Umsetzungsalternativen aufgezeigt und im Spannungsfeld von „Datenerfassungs-/Berechnungsaufwand" sowie „Detailgenauigkeit der CO_2-Emissionskennzahlen" diskutiert. Schließlich liefert das Handbuch „GreenTool" detaillierte Handlungsempfehlungen für die Umsetzung des CO_2-Accountings für kleine und mittelständische Unternehmen, wobei die zugrundeliegenden Entscheidungslogiken ebenfalls im „GreenTool" hinterlegt sind und somit die operative Anwendung erleichtern. Auf diese Weise wird es den Wirtschaftspartnern ermöglicht, fundiert die Umweltauswirkungen und die CO_2-Emissionen der operativen Geschäftätigkeit ihres Unternehmens mit vergleichsweise geringem Ressourcenaufwand zu ermitteln.

Zudem kann der Leser das Handbuch „GreenTool" dazu einsetzen, um nach außen die Vorgehensweise bei der Berechnung von CO_2-Emissionen zu dokumentieren. Auf diese Weise kann der Forderung nach Transparenz, Belastbarkeit und Vergleichbarkeit von Emissions-Kennzahlen im Transportsektor Rechnung getragen werden.

Inhaltliche Schwerpunkte

2

Im Forschungsprojekt und somit im CO_2-Berechnungs-Tool wurde auf der Grundlage der jeweiligen Bedürfnisse der Projektpartner ein zielgerichteter inhaltlicher Fokus gesetzt. Auf diese Weise sind praktisch anwendbare und fundierte Ergebnisse generiert worden, die den am Projekt teilnehmenden Wirtschaftspartnern die Umsetzung des CO_2-Accountings erleichtern. Bei der Festlegung des Projektfokus wurden die nachfolgenden Dimensionen betrachtet und deren Relevanz unter Berücksichtigung der Anforderungen der Projektpartner spezifisch bewertet:

- Unternehmensfunktionen (Administration, Lager, Transport, Umschlag)
- **Verkehrsträger** (Luft-, Binnenschiffs-, Seeschiffs-, Schienen- und Straßenverkehr)
- **Länderfokus** (Schweiz, DACH-Raum, weitere angrenzende Länder, Europa)
- **Auftragsdurchführung** (Selbsteintritt, Subunternehmer/Frächter)

Im Hinblick auf die **Unternehmensfunktionen** ist der Transportbereich für die Wirtschaftspartner von zentraler Bedeutung, da hier ein Großteil der verursachten CO_2-Emissionen verursacht wird. Die Bereiche Lager und Umschlag sind hingegen für die Wirtschaftspartner von mäßiger Bedeutung. Die Berechnung von Emissionskennzahlen im Funktionsbereich Administration wird im vorliegenden Handbuch lediglich am Rande thematisiert.

Bezüglich der **Verkehrsträger** liegt der inhaltliche Fokus auf dem Straßen- und Schienenverkehr, da dieser den Schwerpunkt der Geschäftstätigkeit der teilnehmenden Wirtschaftspartner darstellt und zudem in der Schweiz ca. 88 % der Güter, bezogen auf das Gewicht, mittels dieser Verkehrsträger transportiert werden (vgl. Stölzle et al. 2013, S. 188). Beim Luft-, See- und Binnenschiffsverkehr wird weitgehend auf etablierte Berechnungsverfahren und fundierte Vorgabewerte im Hinblick auf den spezifischen Energieverbrauch der jeweiligen Verkehrsträger von CO_2-Initiativen wie „EcoTransIT" und der einschlägigen Literatur (u. a. DSLV 2013; Kranke et al. 2011) zurückgegriffen.

© Springer-Verlag Berlin Heidelberg 2015
M. Gogolin, T. Klaas-Wissing, „GreenTool" als Grundlage für das CO2-Management,
Advanced Purchasing & SCM 5, DOI 10.1007/978-3-662-45521-0_2

Aufgrund des überwiegend nationalen Tätigkeitsschwerpunkts der am Projekt teilnehmenden Wirtschaftspartner bzw. von mittelständischen Schweizer Transportunternehmen im Allgemeinen, wird bezogen auf den **Länderfokus**, das Hauptaugenmerk auf die Schweiz und die angrenzenden Nachbarländer (im Besonderen auf den DACH-Raum) gelegt.

Hinsichtlich der **Auftragsdurchführung** wird bei Transportdienstleistungen sowohl der Selbsteintritt als auch die Durchführung von Subunternehmern im Bereich des Straßenverkehrs detailliert aufgegriffen. Bezüglich anderer Verkehrsträger werden ausschließlich Berechnungsansätze vorgestellt, die beim Einsatz von Subunternehmern Anwendung finden.

Kompetenz- und Schlüsselbereiche des CO$_2$-Accountings

3

Das CO$_2$-Accounting umfasst – wie bereits eingangs dargelegt – die systematische Erfassung, Aufbereitung und Auswertung von CO$_2$-Emissionskennzahlen auf der Grundlage international anerkannter Standards und weist eine Vielzahl an Parallelen zum internen und externen Rechnungswesen auf. Die verschiedenen Kompetenz- und Schlüsselbereiche, die die Hauptaufgaben des CO$_2$-Accountings darstellen, greifen stark ineinander und bauen inhaltlich aufeinander auf. Im Folgenden werden die Kompetenz- und Schlüsselbereiche, die zudem den einzelnen Gliederungspunkten der Kapitel entsprechen, in kurzer Form dargelegt:

- **Auswahl und Anwendung von Standards (siehe Kap. 5)**
  Die bedeutendsten Standards zum CO$_2$-Accounting werden vorgestellt und im Lichte spezifischer Besonderheiten sowie Anforderungen von transportintensiven Logistikdienstleistern bewertet. Zudem werden konkrete Handlungsempfehlungen für die Anwendung der Standards, untergliedert für die unterschiedlichen Funktionsbereiche (Administration, Lager, Transport, Umschlag) ausgearbeitet.
- **Festlegung von Grenzen (siehe Kap. 6)**
  Die Berechnung von CO$_2$-Emissionen erfordert die Festlegung von unternehmensspezifischen Grenzen, wobei zwischen organisatorischen und operativen Grenzen sowie dem Emissionsfokus zu differenzieren ist. In diesem Kapitel werden konkrete Hinweise für die Festlegung von unternehmensspezifischen Systemgrenzen unter Berücksichtigung der Tätigkeitsfelder von Logistikdienstleistern abgeleitet und erläutert.
- **Berechnung von CO$_2$-Emissionen (siehe Kap. 7)**
  Im Zentrum steht die zielgerichtete Bildung von Fahrzeugeinsatzsystemen, wobei unternehmensspezifische Fahrzeuggruppen abzugrenzen und anfallende Leer- den Lastfahrten möglichst verursachungsgerecht zuzuordnen sind. Zudem werden grundlegende Formeln zur Berechnung von Energieverbräuchen und Emissionswerten vorgestellt und die einzelnen Bestandteile detailliert erläutert.

© Springer-Verlag Berlin Heidelberg 2015
M. Gogolin, T. Klaas-Wissing, „GreenTool" als Grundlage für das CO$_2$-Management,
Advanced Purchasing & SCM 5, DOI 10.1007/978-3-662-45521-0_3

- **Allokation von Emissionen (siehe Kap. 8)**

  Das Spektrum an möglichen standardkonformen Allokationsparametern wird in strukturierter Weise aufbereitet. Darüber hinaus werden Auswahlkriterien für eine zielgerichtete Spezifikation von Allokationsparametern für alle Funktionsbereiche ausgearbeitet.

- **Reporting (siehe Kap. 9)**

  In diesem Kapitel werden die unterschiedlichen Reportings präsentiert und die jeweiligen Anwendungsfelder der einzelnen Reportings detailliert hervorgehoben. Dabei wird zwischen einem <Unternehmensweiten CO_2-Reporting>, einem <Fokussierten CO_2-Reporting> und einem <Externen CO_2-Reporting> differenziert.

Vorstellung des CO_2-Berechnungs-Werkzeugs „GreenTool"

4

Das im Rahmen des Forschungsprojekts „GreenTool" entwickelte CO_2-Berechnungs-Werkzeug wird in diesem Kapitel in kompakter Weise vorgestellt. Dabei wird zunächst das zugrundeliegende Konzept skizziert, um darauf aufbauend einen groben Überblick über die Vorgehensweise bei der Anwendung des Tools zu vermitteln.

4.1 Konzept

Das CO_2-Berechnungs-Werkzeug „GreenTool" folgt einem modularen Aufbau und setzt sich aus den nachfolgenden Modulen zusammen:

- Allgemeine Voreinstellungen
- Internes CO_2-Reporting
- Externes CO_2-Reporting

Das Grundkonzept wird in Abb. 4.1 veranschaulicht.

Das Modul <**Allgemeine Voreinstellungen**> umfasst alle Themenfelder, die grundlegende Fragestellungen für eine unternehmensspezifische Emissionsberechnung aufgreifen. Dies beinhaltet neben der Abbildung der Unternehmensstruktur (z. B. Beteiligungen, Standorte) auch konkrete Entscheidungen unter Berücksichtigung der Richtlinien der einzelnen Standards zum CO_2-Accounting (z. B. anzuwendendes Konsolidierungsverfahren für Beteiligungen). Eine detaillierte inhaltliche Darstellung und konkrete Handlungsempfehlungen im Hinblick auf die einzelnen Themenfelder des CO_2-Accountings erfolgt in den Kap. 5 bis 8. Eine erneute Bearbeitung dieser Themenfelder ist vom Anwender lediglich dann vorzunehmen, wenn wesentliche Änderungen der Geschäftätigkeit, wie z. B. Veränderung der Unternehmens- oder Standortstruktur erfolgen.

Die Module <**Internes und Externes CO_2-Reporting**> dienen der Berechnung von standardkonformen CO_2-Emissionskennzahlen, wobei auf die bereits bei den <Allgemeinen Voreinstellungen> eingepflegten unternehmensspezifischen

© Springer-Verlag Berlin Heidelberg 2015
M. Gogolin, T. Klaas-Wissing, „GreenTool" als Grundlage für das CO_2-Management, Advanced Purchasing & SCM 5, DOI 10.1007/978-3-662-45521-0_4

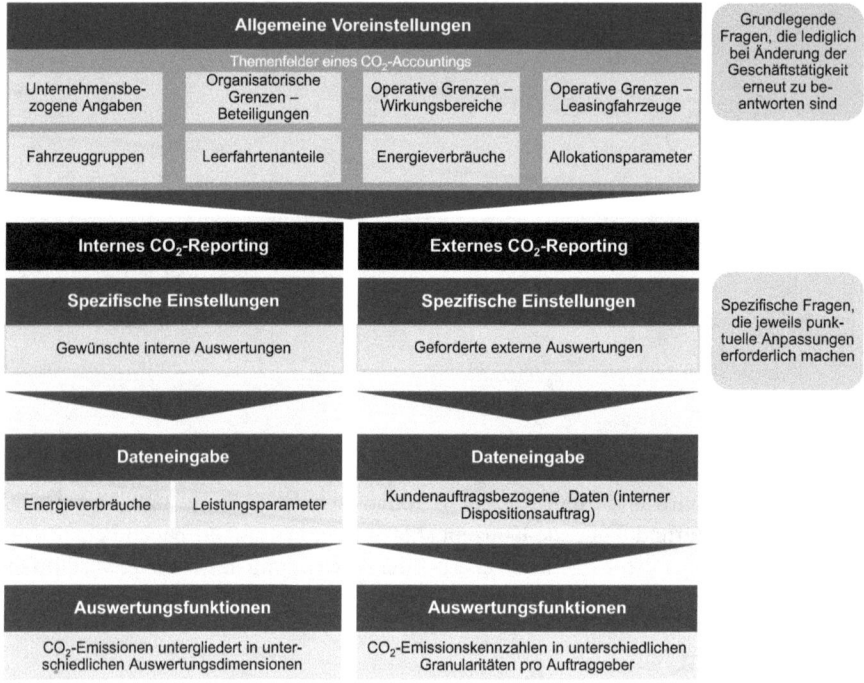

Abb. 4.1 Modularer Aufbau von „GreenTool"

Voreinstellungen zurückgegriffen wird. Dabei erfordert die Berechnung von CO_2-Emissionskennzahlen, dass Kraftstoff- und Energieverbräuche, Leistungsparameter sowie auftragsbezogene Daten bei jeder Berechnung systemseitig eingepflegt werden. Ein umfassender Überblick zu möglichen Auswertungsfunktionalitäten und den Anwendungsfeldern der Reportings erfolgt in Kap. 9.

4.2   Anwendung

4.2.1   Allgemeine Voreinstellungen

Bei der erstmaligen Anwendung von „GreenTool" durchläuft der Anwender einen Einrichtungsassistenten. Im Rahmen dieses Einrichtungsassistenten werden Voreinstellungen vorgenommen, die für die Abbildung der Unternehmensstruktur und des Tätigkeitsfeldes des Unternehmens im Hinblick auf die Emissionsberechnung erforderlich sind. Auf diese Weise können z. B. alle Beteiligungen, die für die standardkonforme Berechnung eines Unternehmens-CO_2-Fußabdrucks zu berücksichtigen sind, identifiziert (siehe Kap. 5) und ebenfalls im „GreenTool" mit einem separaten Berechnungsmodul angelegt werden.

In Abb. 4.2 wird eine beispielhafte Unternehmensstruktur, bestehend aus einer Muttergesellschaft (LOG-HSG) und drei Beteiligungen (LOG-HSG BE I-III), in der Hauptübersicht von „GreenTool" veranschaulicht.

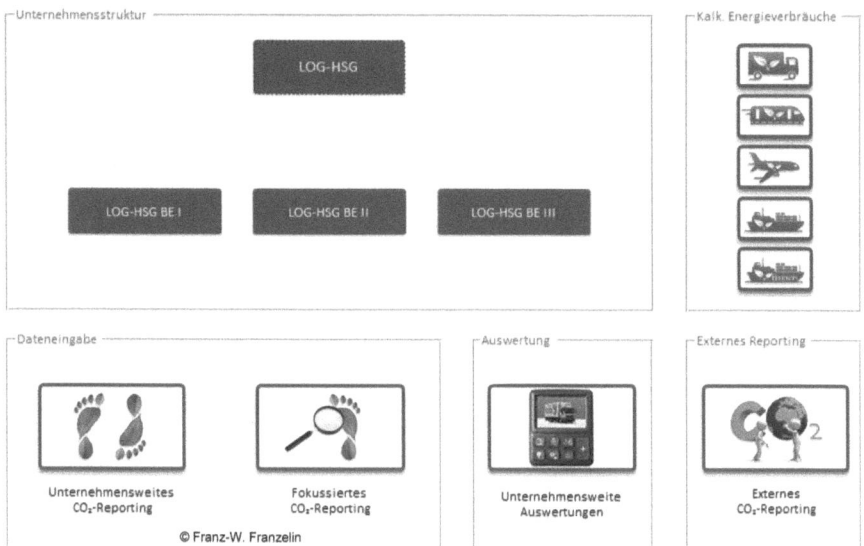

Abb. 4.2 Hauptformular im „GreenTool"

Im Hauptformular (siehe Abb. 4.2) sind zudem auf der rechten Seite kalkulatorische Energieverbräuche und Emissionsfaktoren für alle relevanten Verkehrsträger hinterlegt. Durch Anklicken des jeweiligen Verkehrsträgers wird die spezifische Maske der Energieverbräuche und Emissionsfaktoren geöffnet und der Anwender kann erforderliche Anpassungen vornehmen. Die eingepflegten Datensätze sind idealerweise auf jährlicher Basis auf deren Aktualität zu prüfen und bei Bedarf entsprechend anzupassen (siehe Kap. 7.3 und 7.4).

Durch das Anklicken eines im Hauptformular abgebildeten Unternehmens wird dieses Unternehmen aktiviert und ermöglicht im Modul Dateneingabe <Unternehmensweites CO_2-Reporting> bisher erfasste Stammdaten anzupassen bzw. Ergänzungen einzupflegen.

Abbildung 4.3 visualisiert beispielhaft die erfassten Grundeinstellungen im Hinblick auf relevante Funktionsbereiche, eingesetzte Verkehrsträger im Selbsteintritt und Unternehmensstandorte.

Bevor die Emissionsberechnung im Bereich des Straßengüterverkehrs erfolgen kann[1], sind ergänzende Voreinstellungen in kompaktem Umfang vorzunehmen. Dies umfasst z. B. die Abgrenzung von unternehmensspezifischen Fahrzeuggruppen, das Anlegen von Fahrzeugen und die Zuordnung zu einzelnen Standorten.

Auf diese Weise kann die Emissionsberechnung im operativen Betrieb effizient umgesetzt und gleichzeitig aussagekräftige Emissionskennzahlen im Straßenverkehr, untergliedert nach Fahrzeuggruppen und Standorten, berechnet werden.

---

[1] Dies gilt lediglich für den Selbsteintritt im Straßengüterverkehr.

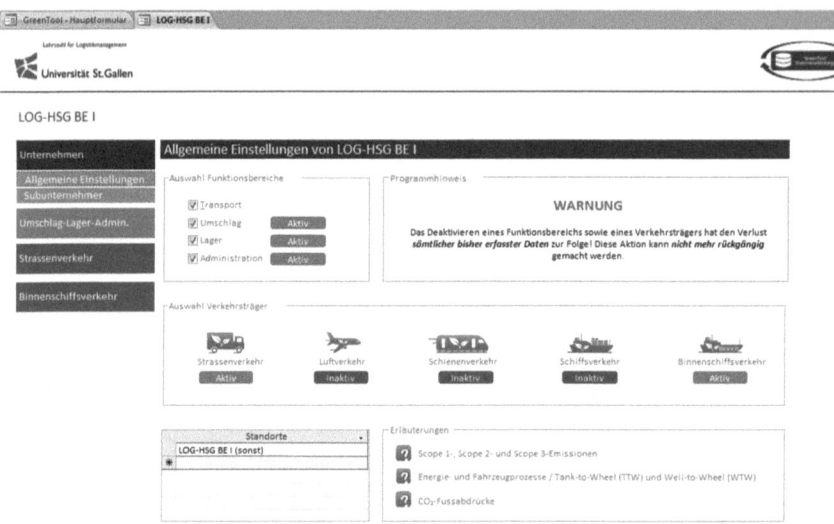

Abb. 4.3 Allgemeine unternehmensbezogene Grundeinstellungen

Der nachfolgenden Abb. 4.4 sind die zentralen Themenfelder bei der Erfassung von Stammdaten für den Bereich Straßenverkehr zu entnehmen. Diese Themenfelder werden inhaltlich in den Kap. 6 bzw. 7 detailliert beleuchtet. Bei der Bearbeitung ist darauf zu achten, dass sowohl während der Erstanwendung als auch bei Anpassungen im laufenden Betrieb die vorgegebene Reihenfolge der einzelnen Themenfelder eingehalten wird, da diese inhaltlich aufeinander aufbauen.

Aufgrund des inhaltlichen Schwerpunkts des Forschungsprojekts (siehe Kap. 2) sind die umfassenden Voreinstellungen ausschließlich für den Bereich Straßenverkehr (Selbsteintritt) im „GreenTool" umgesetzt worden.

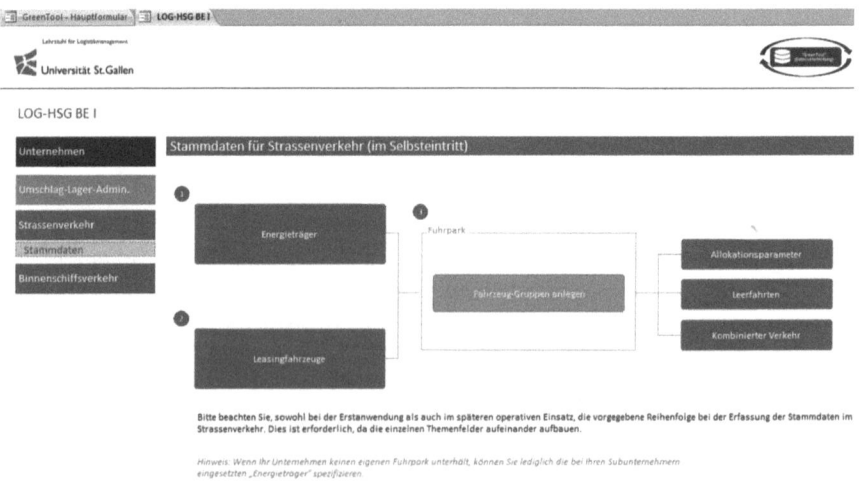

Abb. 4.4 Stammdaten im Straßenverkehr (Selbsteintritt)

4.2.2 Internes CO$_2$-Reporting

Für die Berechnung von Emissionskennzahlen im Rahmen des <Internen CO$_2$-Reportings> sind die spezifischen Energie- und Kraftstoffverbräuche zu erfassen. Dafür sind die Module Dateneingabe, untergliedert nach dem <Unternehmensweiten und Fokussierten CO$_2$-Reporting> , im „GreenTool" (siehe Abb. 4.2 auf Seite 11) umgesetzt worden. Durch das Aktivieren eines Unternehmens und das Anklicken des jeweiligen Reportings können die Energieverbräuche unternehmensspezifisch erfasst werden. Für das eigene Unternehmen inklusive der abgebildeten Beteiligungen sind Echtverbräuche anzusetzen. Bei Subunternehmern sollten möglichst detaillierte Inputdaten zur Anwendung kommen. Am Beispiel des Straßengüterverkehrs werden im Folgenden, untergliedert nach Selbsteintritt und Subunternehmern, die jeweiligen Dateneingabemasken dargestellt und in kompakter Form erläutert.

Beim Selbsteintritt im Straßengüterverkehr können vorliegende Daten, untergliedert pro Fahrzeug, im Hinblick auf den Kraftstoffverbrauch, zurückgelegte Kilometer und Leistungsparameter beispielsweise in Excel aufbereitet und direkt ins „GreenTool" eingespielt werden. „GreenTool" ermöglicht eine Prüfung der Datensätze und berechnet durchschnittliche Kraftstoffverbräuche und CO$_2$-Emissionskennzahlen (z. B. CO$_2$/tkm) ausdifferenziert nach gebildeter Fahrzeuggruppe und Standort. In Abb. 4.5 ist die dafür konzipierte Eingabemaske dargestellt.

Um möglichst detaillierte Emissionskennzahlen für Transportdienstleistungen, die von Subunternehmern erbracht worden sind, zu ermitteln, wurde im „GreenTool" ein breites Spektrum an möglichen Berechnungsverfahren umgesetzt. Dabei weisen <Berichtete Werte> und <Echtwerte> einen hohen Detaillierungsgrad auf. Bei der Berechnung von Emissionskennzahlen auf der Grundlage von <Teilweise kalkulier-

Abb. 4.5 Eingabemaske: Straßenverkehr (Selbsteintritt)

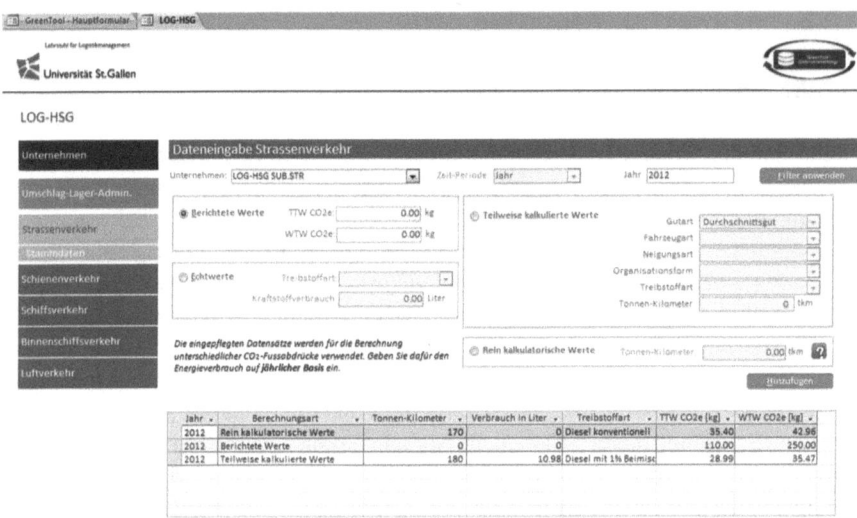

Abb. 4.6 Eingabemaske: Straßenverkehr (Subunternehmer)

ten Werten> und <Rein kalkulatorischen Werten> handelt es sich hingegen um Näherungswerte, bei denen gewisse Annahmen, z. B. im Hinblick auf den Auslastungsgrad und die Leerfahrtenanteile, zu treffen sind (weiterführende Details siehe Kap. 7).

In der nachfolgenden Abb. 4.6 ist die entsprechende Eingabemaske dargestellt.

Für die weiteren Verkehrsträger können die Emissionskennzahlen für Transportdienstleistungen von Subunternehmern in einem vergleichbaren Spektrum an Inputdaten ermittelt werden.

Durch das Anklicken des Moduls <Auswertung> im Hauptformular (siehe Abb. 4.2 auf Seite 11) wird die in Abb. 4.7 dargestellte Maske geöffnet. Der Anwender kann, untergliedert nach dem <Unternehmensweiten und Fokussierten CO_2-Reporting> , für alle erfassten Unternehmen einen Auswertungszeitraum definieren. Durch Anklicken des Taschenrechners werden die spezifischen Auswertungen ausgeführt.

Die konkreten Anwendungsfelder der jeweiligen internen Reportings werden in Kap. 9 vorgestellt.

4.2.3 Externes CO_2-Reporting

Die Berechnung von standardkonformen Emissionskennzahlen für Auftraggeber kann im Modul <Externes CO_2-Reporting> (siehe Abb. 4.2 auf Seite 11) vorgenommen werden, wobei im „Straßenverkehr" wiederum eine Differenzierung nach Selbsteintritt und Subunternehmer vorgenommen worden ist.

Im Straßenverkehr (Selbsteintritt) kann die Berechnung in einem Spektrum von <Echtwerten> bis hin zu <Kalkulatorischen unternehmensspezifischen Werten>

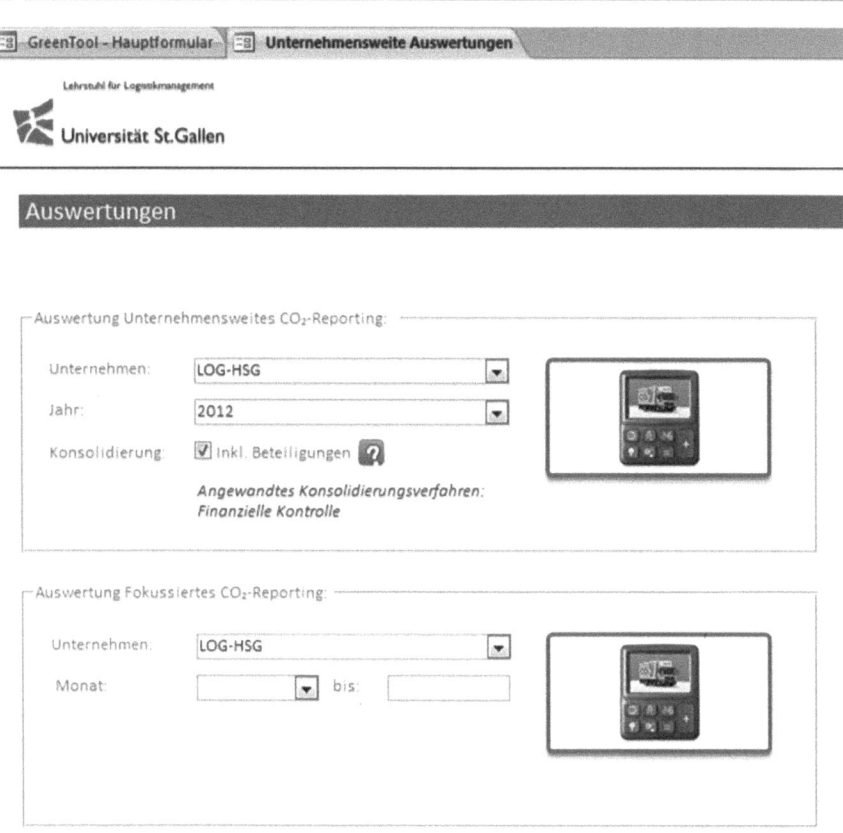

Abb. 4.7 Auswertungsmaske „Interne Reportings"

erfolgen. Bei der Ermittlung von <Echtwerten> sind neben dem auf der spezifischen Tour gemessenen Kraftstoffverbrauch und den zurückgelegten Kilometern auch sendungsbezogene Angaben (z. B. das Gewicht pro Sendung) zwingend erforderlich, was bezogen auf die Datenerfassung sehr zeitintensiv sein kann, aber detaillierte Emissionskennzahlen liefert. Bei den kalkulatorischen Berechnungsverfahren wird auf die bereits im <Internen CO_2-Reporting> eingepflegten Datensätze im Hinblick auf den durchschnittlichen Kraftstoffverbrauch sowie Emissionskennzahlen (z. B. CO_2/tkm) der jeweiligen Fahrzeuggruppen zurückgegriffen, so dass lediglich sendungsbezogene Daten zu erfassen sind.

Auf diese Weise kann eine möglichst ressourceneffiziente Berechnung von Emissionskennzahlen erzielt werden. Darüber hinaus wurden im „GreenTool", entsprechend den Vorgaben der DIN EN 16258, für Hauptläufe bzw. Sammel- und Verteilfahrten zwei leicht unterschiedliche Berechnungsansätze umgesetzt (weitere Details siehe Anhang: V Allokation bei Sammel- und Verteilfahrten und VI Allokation am Beispiel Hauptlauf). Abbildung 4.8 stellt die Eingabemaske im <Externen CO_2-Reporting> und die Berechnung von CO_2-Emissionswerten für einen beispielhaften Hauptlauf mit zwei Stopps dar.

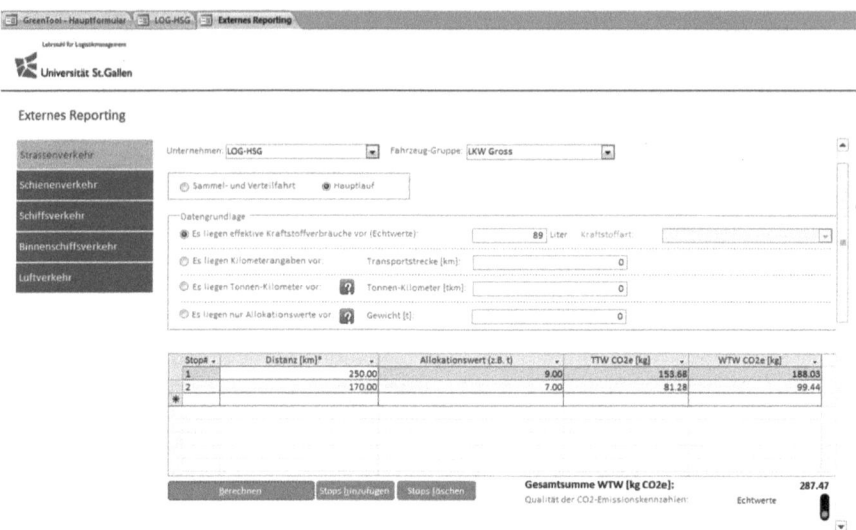

Abb. 4.8 Eingabemaske: Berechnung von CO$_2$-Emissionen im Straßenverkehr (Hauptlauf)

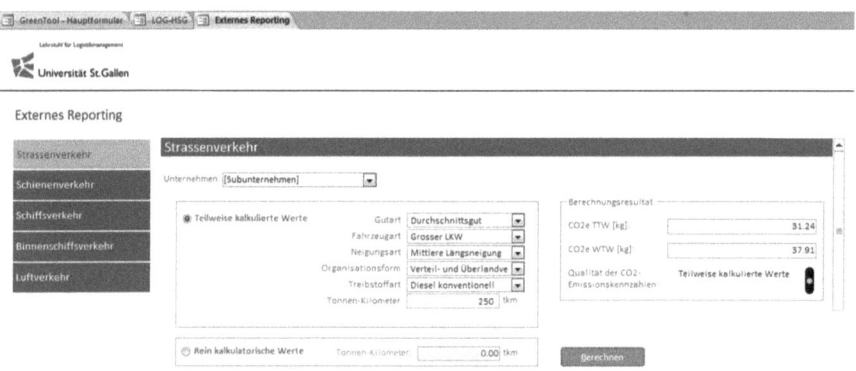

Abb. 4.9 Eingabemaske: Berechnung von CO$_2$-Emissionen im Straßenverkehr (Subunternehmer)

Die Berechnung von Emissionswerten im Straßenverkehr bei Subunternehmern basiert auf den bereits im internen Reporting dargestellten Berechnungsverfahren. Die nachfolgende Abbildung stellt die entsprechende Eingabemaske inklusive der Auswertung dar, die im „GreenTool" generiert wird (Abb. 4.9).

Auswahl und Anwendung von Standards

5

Grundsätzlich definieren Standards zum CO_2-Accounting Richtlinien und Vorgaben zur Sicherstellung einer einheitlichen Vorgehensweise bei der Erfassung, der Berechnung und der Allokation von Treibhausgasemissionen. Die spezifischen Ergebnisse der Rechenwerke verschiedener Unternehmen können damit erst vergleichbar und kompatibel gemacht werden. Unternehmen können dabei auf unterschiedliche Standards zum CO_2-Accounting verschiedener Initiativen bzw. Organisationen zurückgreifen (Tab. 5.1):

Im Ergebnis dienen die Standards zum CO_2-Accounting zur Berechnung von unterschiedlichen CO_2-Fußabdrücken, die aggregierte Größen von CO_2-Emissionen in verschiedenen Betrachtungsausschnitten in Transportketten darstellen. Dabei kann zwischen unternehmens- und verladerbezogenen-CO_2-Fußabdrücken differenziert werden.

In Abb. 5.1 sind die unterschiedlichen CO_2-Fußabdrücke dargestellt und die Abgrenzung in der Transportkette wird visualisiert. Eine weiterführende Spezifizierung der für Logistikdienstleister relevanten CO_2-Fußabdrücke, im Besonderen im Hinblick auf die Festlegung von Systemgrenzen und zu berücksichtigende Treibhausgasemissionen, wird im Kap. 6 vorgenommen.

Eine fundierte Auswahl der Standards erfordert eine zielgerichtete Analyse unter Berücksichtigung der jeweiligen Tätigkeitsfelder und spezifischen Anforderungen von Logistikdienstleistern. Eine umfassende Bewertung der oben aufgeführten Standards nach zentralen Entscheidungskriterien wie Anwendungsfelder, Verbreitung und Exaktheit, mit speziellem Blickwinkel auf transportintensive Logistikdienstleister, ist im Anhang (I Bewertung/Auswahl der Standards zum CO_2-Accounting) dargestellt.

Die Bewertung der Standards zum CO_2-Accounting verdeutlicht, dass in der Praxis die Standards der GHG Initiative von einer Vielzahl von Unternehmen als Rahmenwerke für die Berechnung von unterschiedlichen CO_2-Fußabdrücken eingesetzt werden. Daher werden die Vorgaben und Richtlinien dieser Standards ebenfalls im „GreenTool" berücksichtigt. Die DIN EN 16258 adressiert die Anforderungen des Transportsektors bei der Berechnung und Allokation von Emissionskennzahlen.

© Springer-Verlag Berlin Heidelberg 2015   17
M. Gogolin, T. Klaas-Wissing, „GreenTool" als Grundlage für das CO_2-Management,
Advanced Purchasing & SCM 5, DOI 10.1007/978-3-662-45521-0_5

Tab. 5.1 Einschlägige Standards zum CO_2-Accounting

Organisation / Initiative	Name der Standards zum CO_2-Accounting
Greenhouse Gas Protocol Initiative (GHG Protocol)	1) A Corporate Accounting and Reporting Standard
	2) Corporate Value Chain (Scope 3) Accounting and Reporting Standard
	3) Product Life Cycle Accounting and Reporting Standard
Comité Européen de Normalisation (CEN)	4) DIN EN 16258:2013 Methode zur Berechnung und Deklaration des Energieverbrauchs und der Treibhausgasemissionen bei Transportleistungen
International Organization for Standardization (ISO)	5) ISO 14064-1:2012-05: Treibhausgase – Teil 1: Spezifikation mit Anleitung zur quantitativen Bestimmung und Berichterstattung von Treibhausgasemissionen und Entzug von Treibhausgasen auf Organisationsebene
	6) ISO 14040:2009: Umweltmanagement – Ökobilanz – Grundsätze und Rahmenbedingungen
	7) ISO 14044:2009: Umweltmanagement – Ökobilanz – Anforderungen und Anleitungen
	8) ISO 14047:2012 – Umweltmanagement – Lebenszyklusbewertung – bildhafte Beispiele zur Anwendung von ISO 14044:2012 um Bewertungssituationen zu beeinflussen
British Standards Institution (BSI)	9) PAS 2050:2011: Specification for the assessment of the life cycle greenhouse gas emissions of goods and services

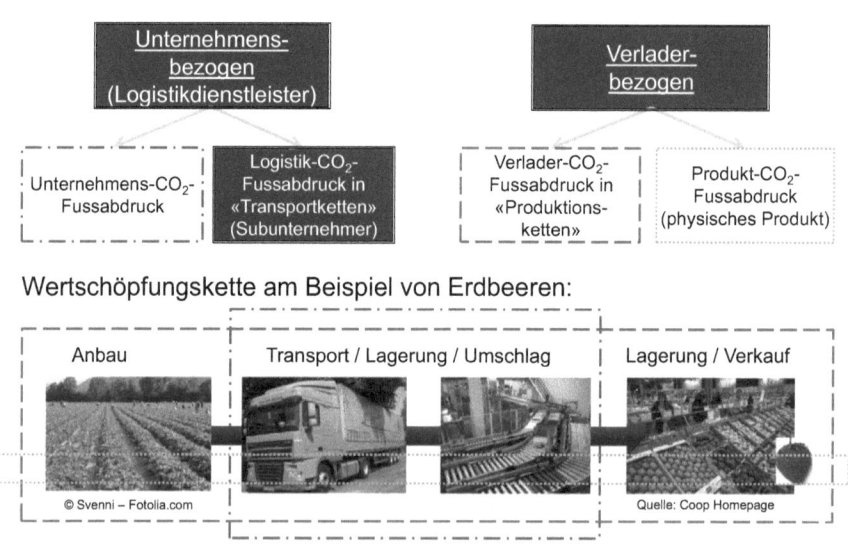

Abb. 5.1 Unterschiedliche CO_2-Fußabdrücke in der Transportkette

Dieser auf europäischer Ebene ausgearbeitete Standard wurde anfangs 2013 veröffentlicht und wird bereits von einigen Logistikdienstleistern (z. B. DB Schenker) angewendet. Da die Norm zudem eine hohe Resonanz in der Fachliteratur aufweist, ist davon auszugehen, dass sich dieser Standard in der Praxis durchsetzen wird. Für die Berechnung von Emissionskennzahlen in den Funktionsbereichen Lager, Umschlag und Administration sind in den oben erwähnten Standards keine dezidierten Richtlinien enthalten. Daher ist neben der Bildung von Analogien zu einzelnen Richtlinien der DIN EN 16258 und den GHG Standards ebenfalls auf die einschlägige Literatur (u. a. DSLV 2013; Kranke et al. 2011) zurückzugreifen.

Festlegung der Systemgrenzen

Bei der Berechnung der oben aufgeführten CO_2-Fußabdrücke (siehe Abb. 5.1) und damit aussagekräftigen Emissionskennzahlen, sind unternehmensspezifische Systemgrenzen festzulegen. Dabei kann grundsätzlich unterschieden werden zwischen:

- Organisatorischen Grenzen
- Operativen Grenzen
- Emissionsfokus

Am Beispiel einer Unternehmensstruktur, bestehend aus einer Muttergesellschaft und mehreren Beteiligungen, werden in Abb. 6.1 die unterschiedlichen Systemgrenzen dargestellt. Die Nummern in den roten Kreisen stellen dabei die jeweiligen Gliederungspunkte dar.

6.1 Organisatorische Grenzen

Bei den organisatorischen Grenzen wird die Abgrenzung von rechtlich unabhängigen Unternehmenseinheiten bei der Berechnung von CO_2-Fußabdrücken thematisiert. Für Logistikdienstleister (Muttergesellschaft), die Beteiligungen an anderen Unternehmenseinheiten (Tochtergesellschaften) halten, sind organisatorische Grenzen bei der Berechnung von CO_2-Fußabdrücken zu beachten und entsprechend den Standards festzulegen. Dabei ist zu spezifizieren, ob und wie viel Prozent der Emissionen, die durch die Geschäftstätigkeit der jeweiligen Beteiligung im operativen Betrieb verursacht werden, im Unternehmens-CO_2-Fußabdruck der Muttergesellschaft einzuberechnen sind.

Hierfür sehen die Vorgaben der Standards der GHG Initiative zwei grundsätzlich unterschiedliche Herangehensweisen (Konsolidierungsmethoden) vor (vgl. WBCSD/WRI 2004):

© Springer-Verlag Berlin Heidelberg 2015

M. Gogolin, T. Klaas-Wissing, „GreenTool" als Grundlage für das CO2-Management,
Advanced Purchasing & SCM 5, DOI 10.1007/978-3-662-45521-0_6

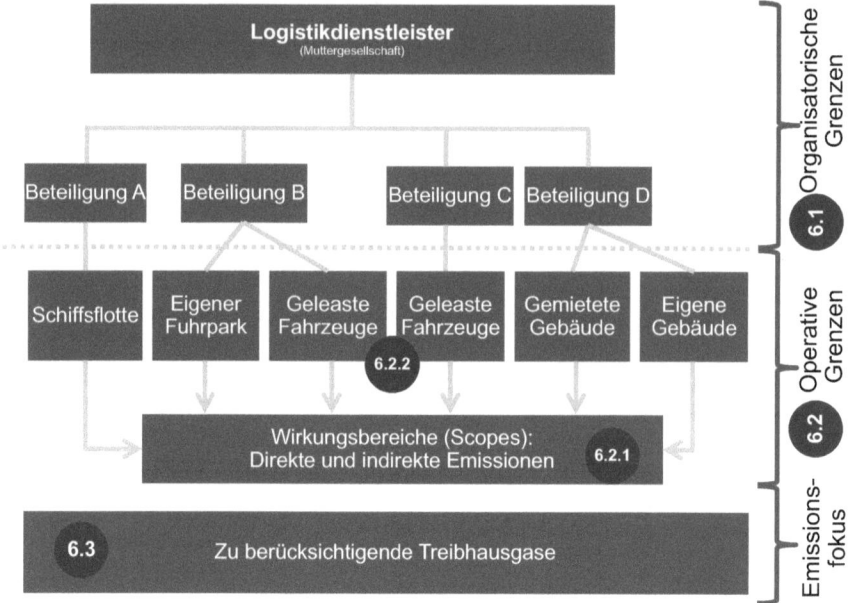

Abb. 6.1 Darstellung unternehmensspezifischer Systemgrenzen. (Quelle: In Anlehnung an: WBCSD/WRI 2004, S. 25)

- **Eigenkapitalanteil-Methode:** Gemäß der finanziellen Anteile an der Beteiligung sind die CO_2-Emissionen, die im operativen Betrieb bei dieser Beteiligung anfallen, anteilig im Unternehmens-CO_2-Fußabdruck der Muttergesellschaft zu berücksichtigen.
- **Kontroll-Methode:** Es wird zwischen der finanziellen und operativen Kontroll-Methode differenziert.
- **Finanzielle Kontroll-Methode:** Liegt finanzielle Kontrolle vor, d. h. die Muttergesellschaft hat das Recht die Finanzpolitik zu lenken, sind 100 % der CO_2-Emissionen der Beteiligungen im Unternehmens-CO_2-Fußabdruck zu erfassen; liegt keine finanzielle Kontrolle vor, sind keine Emissionen einzuberechnen.
- **Operative Kontrolle-Methode:** Liegt operative Kontrolle vor, d. h. die Muttergesellschaft hat das Recht, ihre Richtlinien bei der Beteiligung umzusetzen, sind 100 % der CO_2-Emissionen von Beteiligungen im Unternehmens-CO_2-Fußabdruck zu erfassen; liegt keine operative Kontrolle vor, sind keine Emissionen zu berücksichtigen.

Bei der Auswahl einer sachgerechten Konsolidierungsmethode sind im Besonderen die Gründe für das Halten der Beteiligung (reine Kapitalbeteiligung oder direkte Einflussnahme) und die bereits in der Finanzbuchhaltung (FiBu) angewendete Konsolidierungsmethode gemäß SWISS GAAP (Eigenkapitalmethode, Teil- oder Vollkonsolidierung) zu berücksichtigen (vgl. SWISS GAAP 2014). Im CO_2-Berechnungs-Werkzeug „GreenTool" wird, falls mehrere Beteiligungen vorliegen,

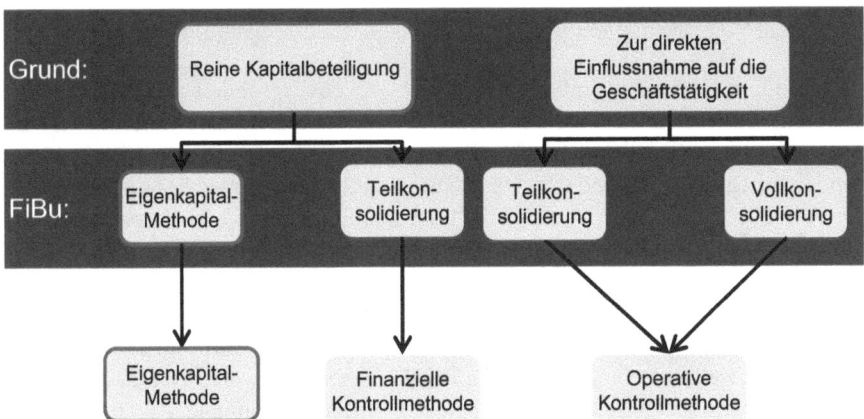

Abb. 6.2 Entscheidungslogik zur Festlegung einer Konsolidierungsmethode

für die wertmäßig bedeutendste Beteiligung unter Berücksichtigung der oben spezifizierten Entscheidungskriterien eine Konsolidierungsmethode konkret empfohlen, die der Anwender bei Bedarf anpassen kann. Für die Empfehlung findet die in
Abb. 6.2 dargestellte Entscheidungslogik Anwendung.

Die im Tool vorgenommene Handlungsempfehlung basiert im Wesentlichen auf
der Überlegung, dass die Konsolidierungsmethode in Übereinstimmung mit der bereits in der FiBu angewendeten Methode zu wählen ist. Dies bietet dem Anwender
den Vorteil, dass möglichst viele Synergien zur FiBu genutzt werden können und
zudem Mehrfacherfassungen oder „Weglassen" von Emissionen einzelner Beteiligungen vermieden werden. Für alle Beteiligungen einer Muttergesellschaft ist im
„GreenTool" unter Berücksichtigung der oben spezifizierten Entscheidungskriterien die gleiche Konsolidierungsmethode anzuwenden. Für eine bessere Vergleichbarkeit der einzelnen Geschäftsjahre, ist die Konsolidierungsmethode zudem über
den Zeitverlauf beizubehalten.

6.2 Operative Grenzen

Bei der Berechnung von CO_2-Fußabdrücken sind zudem operative Grenzen fest-
zulegen. Dabei ist zu spezifizieren, welche durch die Geschäftstätigkeit des eigenen Unternehmens operativ verursachten Emissionen in den jeweiligen CO_2-
Fußabdrücken zu berücksichtigen sind. Dies betrifft neben den im eigenen Unternehmen auch die bei Subunternehmern bzw. Servicepartnern hervorgerufenen CO_2-
Emissionen. Bei der Festlegung von operativen Grenzen sind, entsprechend den
Vorgaben der GHG Protokolle, unterschiedliche Wirkungsbereiche (Scopes), die
Erfassung von Emissionen geleaster Vermögensgegenstände und der Emissionsfo-
kus zu betrachten.

6.2.1 Wirkungsbereiche (Scopes)

Die Standards der GHG Initiative zum CO_2-Accounting unterscheiden zwischen drei unterschiedlichen **Wirkungsbereichen**, den sogenannten „Scopes" (siehe Abb. 6.3) (vgl. WBCSD/WRI 2004). Dabei umfassen Scope 1-Emissionen im eigenen Unternehmen anfallende Treibhausgase und Scope 2- sowie Scope 3-Emissionen, die durch die Geschäftätigkeit bei Subunternehmern bzw. Servicepartnern hervorgerufenen Treibhausgase:

- **Scope 1:** Direkte Emissionen aus Quellen, die vom Unternehmen kontrolliert werden (z. B. Verbrennung von Kraftstoffen in eigenen Fahrzeugen).
- **Scope 2:** Indirekte Emissionen, die bei der Erzeugung von Strom anfallen, der vom Unternehmen zugekauft wird (z. B. Energiegewinnung aus zugekaufter Elektrizität).
- **Scope 3:** Indirekte Emissionen, die durch die Aktivitäten des Unternehmens in Transportketten hervorgerufen werden und deren Quellen sich weder im Besitz des Unternehmens befinden, noch von diesem kontrolliert werden (z. B. beauftragte Subunternehmer, Energievorketten).

Die vollständige Erfassung von Scope 1- und Scope 2-Emissionen auf jährlicher Basis ist für die standardkonforme Berechnung eines Unternehmens-CO_2-Fußbabdrucks erforderlich und ist im „GreenTool" im Modul <Unternehmensweites CO_2-Reporting> abgebildet worden.

Für die Berechnung eines Logistik-CO_2-Fußabdrucks in Transportketten sind neben Scope 1- und Scope 2-ebenfalls sämtliche Scope 3-Emissionen zu berücksichtigen. Die Erfassung von Scope 3-Emissionen ist gemäß den Standards der

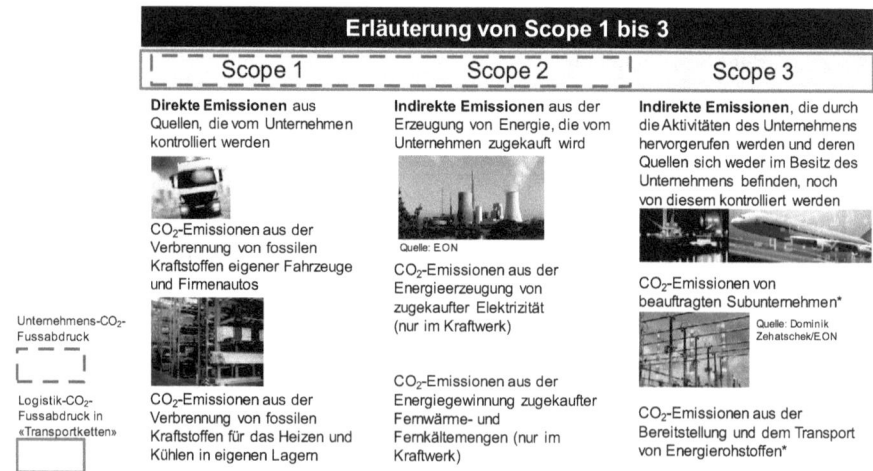

Abb. 6.3 Darstellung und Abgrenzung der verschiedenen Scopes. (Quelle: In Anlehnung an: WBCSD/WRI 2004, S. 25–30)

GHG Initiative bisher optional. Grundsätzlich untergliedern sich Scope 3-Emissionen in 15 unterschiedliche Kategorien, die sich in vor- und nachgelagerte Wertschöpfungsschritte differenzieren lassen (vgl. WBCSD/WRI 2011a). Da die Standards der GHG Initiative maßgeblich für die Anforderungen von produzierenden Unternehmen ausgelegt sind, ist die Erfassung sämtlicher Scope 3-Emissionen für Logistikdienstleister nur bedingt zielführend. Eine fundierte Bewertung der einzelnen Kategorien im Lichte einer Anwendbarkeit bei transportintensiven, mittelständischen Logistikdienstleistern ist dem Anhang (II Operative Grenzen – Bewertung/Auswahl relevanter Scope 3-Emissionen) zu entnehmen.

Um die Komplexität bei der Emissionsberechnung zu reduzieren, ist es empfehlenswert, sich zunächst neben den Scope 1- und Scope 2-Emissionen auf wenige bedeutende Kategorien von Scope 3-Emissionen zu fokussieren. Zentrale Kategorien[1] an Energieverbräuchen, untergliedert nach den entsprechenden Scopes, die auch im CO_2-Berechnungs-Werkzeug „GreenTool" umgesetzt worden sind, werden in der nachfolgenden Aufstellung aufgeführt (Tab. 6.1, 6.2):

Bei der DIN EN 16258, die konkrete Richtlinien und Vorgaben für ein CO_2-Accounting im Transportbereich formuliert, erfolgt keine Untergliederung der Emissionen entsprechend der Standards der GHG Initiative in unterschiedliche Scopes. Anstelle dessen wird eine Differenzierung zwischen Energie- und Fahrzeugprozessen vorgenommen. Nachfolgend werden Energie- und Fahrzeugprozesse gemäß der DIN EN 16258 erläutert und abgegrenzt sowie in die Systematik der Scope-Emissionen der GHG Protokolle eingeordnet (vgl. DIN 2013):

- **Energieprozess:** Well-to-Tank (WTT) umfasst die Emissionen, die auf sämtlichen Stufen der Produktion inklusive dem Transport des verwendeten Kraftstoffes anfällt und entspricht somit einem Teilbereich von Scope 3-Emissionen (Energieverbrauch für die Bereitstellung von gekauften Treibstoffen an Tankstellen und von Energieträgern in Kraftwerken (zugekaufte Elektrizität)).

Tab. 6.1 Relevante Kategorien an Energieverbräuchen, untergliedert nach Scopes (1/2)

Kategorien an Energieverbräuchen	Scope 1	Scope 2	Scope 3
Energieverbrauch von eigenen Lkw`s und Pkw`s (nur die Emissionen, die bei der Verbrennung im Motor anfallen)	X		
Verbrennung von Heizöl, Flüssig- und Erdgas sowie Holzpellets für eigene Lager	X		
Kältemittelverluste in eigenen Lkw`s und Kühllagern	X		
Stromverbrauch von Büros, Lagern und Umschlagtechnik (nur die Emissionen, die bei der Energiegewinnung im Kraftwerk anfallen)		X	
Fernwärmeverbrauch in Büros und Lagern (nur die Emissionen, die bei der Energiegewinnung im Kraftwerk anfallen)		X	

---

[1] Die zentralen Kategorien für die Scope 3-Emissionen sind auf der Grundlage der Bewertung der einzelnen Kategorien ermittelt worden (siehe Anhang: II Operative Grenzen – Bewertung/Auswahl relevanter Scope 3-Emissionen).

Tab. 6.2 Relevante Kategorien an Energieverbräuchen, untergliedert nach Scopes (2/2)

Kategorien an Energieverbräuchen	Scope 1	Scope 2	Scope 3
Energieverbrauch für die Bereitstellung von gekauften Treibstoffen an Tankstellen			X
Energieverbrauch für die Bereitstellung von Energieträgern in Kraftwerken (zugekaufte Elektrizität)			X
Energieverbrauch bei Transportleistungen (Strasse, Schiene, Binnenschiff), die durch Subunternehmer durchgeführt wurden			X
Energieverbrauch von geleasten Fahrzeugen, die nicht unter Scope 1 fallen			X
Energieverbrauch von Beteiligungen, die nicht unter Scope 1 fallen			X

- **Fahrzeugprozesse:** Tank-to-Wheel (TTW) umfasst die Emissionen, die bei der Verbrennung in den Hauptmotoren (für den Fahrantrieb) und den Hilfsmotoren (Wärme-/Kältetechnische Einrichtungen) des Fahrzeugs anfallen und entspricht den Scope 1-Emissionen für die eigenen Fahrzeuge (Energieverbrauch von eigenen Lkws (nur die Emissionen, die bei der Verbrennung im Motor anfallen).
- **Energie- und Fahrzeugprozess:** Well-to-Wheel (WTW) stellt die Summe der CO_2-Emissionen im Energie- und Fahrzeugprozess dar.

Die nachfolgende Graphik stellt die Abgrenzung zwischen Fahrzeug- und Energieprozessen am konkreten Beispiel von Mineralöl dar (Abb. 6.4).

Die Berechnung von CO_2-Emissionen nach dem WTW-Ansatz ermöglicht einen Vergleich unterschiedlicher Antriebstechnologien bzw. Verkehrsträger im Hinblick auf deren CO_2-Effizienz. So fallen z. B. beim Einsatz von Biodiesel bzw. Elektrizität in den Fahrzeugen keine TTW-Emissionen an. Um jedoch eine Vergleichbarkeit z. B. mit Diesel erzielen zu können[2], sind in die Gesamtanalyse alle entlang der Energiekette (WTT) anfallenden Emissionen einzubinden. Nachfolgende Tab. 6.3 veranschaulicht am Beispiel von Diesel und Biodiesel, dass ein Vergleich dieser Energieträger im Hinblick auf die anfallenden CO_2-Emissionen lediglich auf Basis des WTW-Ansatzes durchgeführt werden kann.

Die Berücksichtigung von Fahrzeug- und Energieprozessen ist für die standardkonforme Berechnung von CO2-Emissionskennzahlen im Transportbereich, im Besonderen im Rahmen des <Externen CO2-Reportings> zwingend erforderlich und ist daher im „GreenTool" umgesetzt worden.

6.2.2 Geleaste Vermögensgegenstände

Bei der Festlegung von operativen Grenzen stehen zudem die im Betrieb von geleasten Vermögensgegenständen erzeugten Emissionen im Fokus. Hintergrund ist, dass

---

[2] Beim fossilen Energieträger Diesel werden bei der Verbrennung im Fahrzeug CO_2-Emissionen erzeugt (TTW).

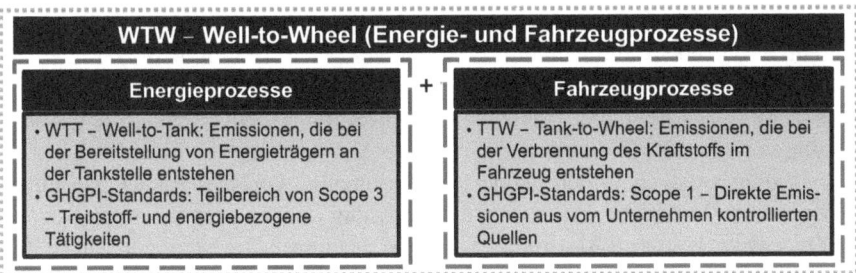

Wertschöpfungskette am Beispiel von Mineralöl:

Abb. 6.4 Energie- und Fahrzeugprozesse. (Quelle: In Anlehnung an: DIN 2013, S. 13)

Tab. 6.3 CO_2-Emissionen unterschiedlicher Energieträger. (Quelle: DIN 2013, S. 23)

	TTW (Fahrzeugprozess)	**WTT** (Energieprozess)	**WTW** (Energie- und Fahrzeugprozess)
Diesel	2.67 kg CO_2e / l	0.57 kg CO_2e / l	3.24 kg CO_2e / l
Biodiesel	0	1.92 kg CO_2e / l	1.92 kg CO_2e / l

in Abhängigkeit der Ausgestaltung von Leasingverträgen (Finanzierungsleasing[3], operatives Leasing[4]) der Ausweis des Leasingobjektes entweder beim Leasingnehmer oder Leasinggeber erfolgt. Bei Logistikdienstleistern sind daher insbesondere **Leasingverträge über Fahrzeuge** zu beleuchten. In Abhängigkeit der spezifizierten Konsolidierungsmethode und der Ausgestaltung der einzelnen Leasingverträge, sind die CO_2-Emissionen, die bei der Verbrennung in den Fahrzeugen (TTW) anfallen, in unterschiedlichen Wirkungsbereichen (Scopes) zu erfassen. Durch die Zuordnung zu den direkten (Scope 1) bzw. indirekten (Scope 3) Emissionen, wird entsprechend dem GHG Protokoll, den unterschiedlichen Eigentumsverhältnissen

---

[3] Finanzierungsleasing: Beim Finanzierungsleasing trägt der *Leasing*nehmer das Investitionsrisiko und aktiviert das Leasingobjekt in der eigenen Bilanz. Nach Ablauf der Grundleasingzeit bestehen i. d. R. unterschiedliche Optionen wie Kauf oder Rückgabe.

[4] Operatives Leasing: Beim operativen Leasing trägt der *Leasing*geber das Investitionsrisiko und aktiviert das Leasingobjekt in der Bilanz; der Leasingnehmer erfasst den monatlichen Aufwand in der Gewinn- und Verlustrechnung (GuV).

von Leasingobjekten Rechnung getragen. Hierfür geben die Standards der GHG Initiative folgende Richtlinien und Vorgaben vor (vgl. GHG Protocol 2004):

- **Eigenkapital- oder finanzielle Kontroll-Methode:** Liegt ein Finanzierungsleasing vor, sind CO_2-Emissionen, die bei der Verbrennung von Energieträgern im Fahrzeug anfallen, in den Scope 1-Emissionen zu berücksichtigen. Bei einem operativen Leasingvertrag erfolgt die Erfassung in den Scope 3-Emissionen.
- **Operative Kontroll-Methode:** Liegt ein operatives Leasing vor, sind CO_2-Emissionen, die bei der Verbrennung von Energieträgern im Fahrzeug anfallen, in den Scope 1-Emissionen zu berücksichtigen. Bei einem finanziellen Leasingvertrag erfolgt die Erfassung in den Scope 3-Emissionen.

In der nachfolgenden Abbildung sind die unterschiedlichen Kombinationsmöglichkeiten veranschaulicht (Abb. 6.5).

Im CO_2-Berechnungs-Tool „GreenTool" wird, unter Berücksichtigung der beiden relevanten Entscheidungskriterien, für den Anwender der standardkonforme Scope für die Leasingfahrzeuge ermittelt.

Für den Fall, dass die bei der Verbrennung von Energieträgern anfallenden CO_2-Emissionen in Leasingfahrzeugen standardkonform den Scope 3-Emissionen zuzuordnen sind, wird zudem beim Anwender abgefragt, ob im operativen Geschäftsbetrieb ein Unterschied im Hinblick auf die Einsatzbedingungen (im Besonderen jährliche Laufleistung) zwischen gekauften und geleasten Fahrzeugen besteht. Sollte kein Unterschied vorliegen, wird dem Anwender im „GreenTool" empfohlen, die verursachten CO_2-Emissionen in den Scope 1-Emissionen zu berücksichtigen[5]. Auf

Abb. 6.5 Klassifizierung von Emissionen bei Leasingfahrzeugen. (Quelle: In Anlehnung an: WBCSD/ WRI 2004, S. 24–32)

---

[5] Im Scope 1 werden alle Treibhausgase erfasst, die durch gekaufte Fahrzeuge im operativen Betrieb (TTW) verursacht werden.

diese Weise kann eine bessere Vergleichbarkeit zwischen verschiedenen Logistikdienstleistern, insbesondere im Hinblick auf den eingesetzten Fuhrpark, erreicht
und eine Verzerrung von CO_2-Emissionskennzahlen in Form von „Schönrechnen"[6]
vermieden werden. Der Anwender kann individuell entscheiden, ob die Empfehlung angenommen wird oder nicht.

6.3 Emissionsfokus

Unter Treibhausgasemissionen werden gasförmige Stoffe in der Luft verstanden,
die zum Treibhauseffekt beitragen und sowohl einen natürlichen als auch einen vom
Menschen verursachten Ursprung haben können (vgl. BAFU 2011). Es existiert
ein breites Spektrum an Treibhausgasen, deren Ausstoß unterschiedlich schädliche
Auswirkungen auf das Klima zugeschrieben werden. Um eine Vergleichbarkeit
unterschiedlicher Treibhausgase herzustellen, wird bei der Berechnung der Gesamt-
menge an Treibhausgasen ein einheitlicher Faktor in Form von Kohlendioxid-Äqui-
valent (CO_2e) herangezogen. Dabei werden die emittierten Treibhausgasemissionen
entsprechend dem Global Warming Potential, das sich nach der Klimaschädlichkeit
richtet, mit einem entsprechenden Faktor umgerechnet. Je größer das Global Warming Potential, umso stärker trägt das jeweilige Treibhausgas zur Erderwärmung
bei und umso höher ist der jeweilige Umrechnungsfaktor.

Bei der Berechnung der emittierten Treibhausgasemissionen sind gemäß der
DIN EN 16258 sowie der GHG Protokolle die 6 sogenannten „Kyoto Gase" zu
berücksichtigen. In der nachfolgenden Tabelle ist für diese 6 Gase das jeweilige
Global Warming Potential, bezogen auf einen Zeitraum von 100 Jahren, dargestellt
(Tab. 6.4):

Bei der Verbrennung von fossilen Kraftstoffen in Fahrzeugen entstehen neben
Kohlenstoffdioxid (CO_2) auch Methan (CH_4) und Distickstoffoxid (N_2O). Bei Lkw-
Kraftstoffen erhöhen sich durch die Berücksichtigung von CH_4 und N_2O die CO_2e-
Emissionen um lediglich 1 bis 2 % (DSLV 2013, S. 18).

Die Erfassung dieser sechs Gruppen von Treibhausgasen ist für die standardkonforme Berechnung von CO_2-Emissionskennzahlen vorzunehmen und entsprechend
im CO_2-Berechnungs-Werkzeug „GreenTool" systemseitig hinterlegt worden. Dies
wurde durch die korrekte Anwendung von Emissionsfaktoren (siehe Kap. 7) umgesetzt.

---

[6] Ausweis eines geringeren Anteils an Scope 1-Emissionen.

Tab. 6.4 Treibhausgase und deren Global Warming Potential. (Quelle: IPCC (2007), S. 144 ff.)

Name	Chemische Bezeichnung	Faktor gemäss IPCC (Intergovernmental Panel of Climate Change)
Kohlenstoffdioxid	CO_2	1
Methan	CH_4	25
Distickstoffoxid (Lachgas)	N_2O	298
Fluorkohlenwasserstoff	HFC	124 – 14.800
Perfluorierte Kohlenwasserstoffe	PFC	7.390 – 12.200
Schwefelhexafluorid	SF_6	22.800

Berechnung von CO_2-Emissionen

Ein wesentlicher Kompetenz- bzw. Schlüsselbereich des CO_2-Accountings ist die systematische Erfassung von Energieverbräuchen sowie die daraus resultierende Berechnung von CO_2-Emissionen. Beim Straßenverkehr, der maßgeblich auf fossilen Brennstoffen beruht, ist dies im Wesentlichen die vollständige Erfassung von Dieselverbräuchen. Im folgenden Kapitel stehen die Vorgehensweise zur Festlegung von Fahrzeugeinsatzsystemen und die Formeln zur Berechnung von CO_2-Emissionskennzahlen, einschließlich deren einzelner Komponenten, im Mittelpunkt der Ausführung.

7.1 Festlegung eines Fahrzeugeinsatzsystems

Unter einem Fahrzeugeinsatzsystems (*V*ehicle *O*peration *S*ystem = VOS) ist entsprechend der DIN EN 16258 eine einheitliche (homogene) Gruppe von operativ **eingesetzten Fahrzeugen** zu verstehen, die entsprechend unternehmensspezifischer Anforderungen (z. B. Flottenstruktur, Einsatzfeld und sonstiger relevanter Kriterien) innerhalb eines festgelegten Zeitraumes zu gruppieren ist. Im VOS sind sämtliche anfallenden **Leerfahrten** in Bezug auf die Fahrzeugeinsätze zu berücksichtigen.

Die Berechnung von Emissionen einer Transportdienstleistung im Straßenverkehr beginnt gemäß den Vorgaben der Norm mit der Festlegung eines VOS. Die Bildung eines Fahrzeugeinsatzsystems ermöglicht, dass für alle Fahrzeuge, die einem spezifischen VOS zugeordnet werden, ein einheitlicher, durchschnittlicher Kraftstoffverbrauch ermittelt wird. Bei der Berechnung von Emissionskennzahlen kommt dieser VOS-spezifische, durchschnittliche Kraftstoffverbrauch zur Anwendung und verringert somit den erforderlichen Erfassungsaufwand. Bei der Bildung von Fahrzeugeinsatzsystemen sind die nachfolgenden Aufgabenfelder zu berücksichtigen (vgl. DIN 2013, S. 16):

- Abgrenzung von Fahrzeuggruppen
- Erfassung von Leerfahrten

© Springer-Verlag Berlin Heidelberg 2015
M. Gogolin, T. Klaas-Wissing, „GreenTool" als Grundlage für das CO_2-Management,
Advanced Purchasing & SCM 5, DOI 10.1007/978-3-662-45521-0_7

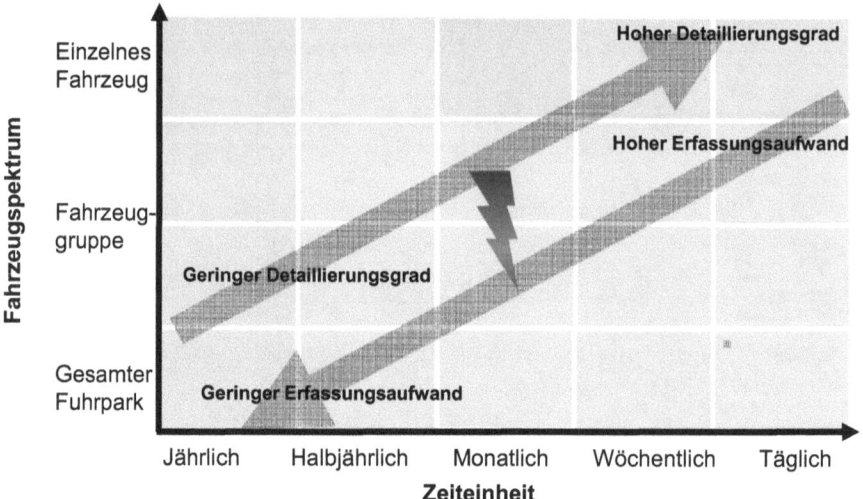

Abb. 7.1 Mögliches Spektrum bei der Bildung von Fahrzeuggruppen. (Quelle: In Anlehnung an: DIN 2013, S. 16)

7.1.1 Abgrenzung von Fahrzeuggruppen

Die Vorgaben der DIN EN 16258 ermöglichen die Festlegung von Fahrzeuggruppen in einem Spektrum von einzelnen Fahrzeugen (z. B. auf Tourenbasis) über unternehmensspezifisch zu definierende Fahrzeuggruppen bis hin zum gesamten Fuhrpark des Unternehmens. Zudem kann die Ermittlung der durchschnittlichen Kraftstoffverbräuche auf der Grundlage von täglich bis hin zu jährlich ermittelten Werten erfolgen (vgl. DIN 2013, S. 16).

In Abb. 7.1 wird das mögliche Spektrum bei der Bildung von Fahrzeuggruppen dargestellt.

Bei der Abgrenzung von Fahrzeuggruppen besteht ein Spannungsfeld zwischen Detailgenauigkeit der CO$_2$-Kennzahlen und dem damit einhergehenden Erfassungsaufwand für die Bereitstellung erforderlicher Inputdaten. Die höchste Detailgenauigkeit der Emissionsberechnung wird erzielt, wenn sich das VOS auf den einzelnen Fahrzeugeinsatz zwischen Be- und Entladestelle inklusive der zugehörigen Leerfahrtzusammensetzt. Dies bedeutet jedoch, dass hohe Anforderungen an die Datenverfügbarkeiten der IT-Systeme bestehen und die Bereitstellung der Daten häufig mit hohem manuellem Erfassungsaufwand einhergeht. Demgegenüber führt die Bildung eines VOS auf der Grundlage der jährlichen Laufleistung des gesamten Fahrzeugbestands eines Transportdienstleisters zu einer sehr geringen Qualität der Emissionskennzahlen, bedeutet aber gleichzeitig, dass der Aufwand für die Bereitstellung der Daten verringert werden kann.

Eine gute Detailgenauigkeit der CO$_2$-Kennzahlen bei vergleichsweise geringem Erfassungsaufwand kann mit der Abgrenzung von VOS auf Fahrzeuggruppenebene erzielt werden. Dabei sind einzelne Fahrzeuge nach unternehmensspezifischen

Flottenstruktur	Zulässiges Gesamtgewicht	Bis 3.5 t	Über 3.5 t – 7.5 t	Über 7.5 t – 12 t	Über 12 t – 18 t	Über 18 t – 26 t	Über 26 t – 32 t	Über 32 t – 40 t	Über 40 t
	Euro-Norm	EURO 1	EURO 2		EURO 3	EURO 4	EURO 5		EURO 6
Einsatzfeld	Organisations-form	Verteil- und Sammelfahrten				Hauptlauf			
	Landschafts-profil	Flach		Leicht bis mäßig hügelig		Stark hügelig		Bergig	
Sonstige relevante Kategorien	Strecken-charakteristika	Innerorts			Landstraße			Autobahn	
	Zuladungs-gewicht	Massengut			Durchschnittsgut			Volumengut	

Abb. 7.2 Morphologischer Kasten für die Bildung von Fahrzeuggruppen

Kategorien, die vom Anwender der Norm frei gewählt werden können, zu Fahrzeuggruppen zusammenzufassen (vgl. DIN 2013, S. 15). Grundvoraussetzung für die Bildung von VOS auf Fahrzeuggruppenebene ist, dass detaillierte Daten über die Kraftstoffverbräuche einzelner Fahrzeuge vorliegen, da diese für die Berechnung eines durchschnittlichen Kraftstoffverbrauchs des gesamten VOS heranzuziehen sind. Eine systematische Überprüfung der Eignung einzelner Kategorien, die maßgeblichen Einfluss auf den Kraftstoffverbrauch bei Fahrzeugen aufweisen und somit für die Abgrenzung von Fahrzeuggruppen angewendet werden können, ist im Anhang (III Bewertung/Auswahl von Kriterien zur Abgrenzung von Fahrzeuggruppen) dargestellt.

Die als zentral identifizierten Kategorien für die Abgrenzung von Fahrzeuggruppen, sind den Dimensionen Flottenstruktur, Einsatzfelder der Fahrzeuge und sonstige relevante Kategorien (z. B. Zuladungsgewicht, Streckencharakteristika) zuzuordnen. In der nachfolgenden Abb. 7.2 ist das gesamte Spektrum der Kategorien systematisch in Form eines morphologischen Kastens aufbereitet.

Eine Analyse bezogen auf die Flottenstruktur und die Einsatzfelder der Fahrzeuge bei den am Forschungsprojekt teilnehmenden Wirtschaftspartnern hat verdeutlicht, dass sowohl die Flottenstrukturen als auch die Einsatzfelder der Fahrzeuge sehr heterogen ausfallen. Vor dem Hintergrund unterschiedlicher Geschäftsmodelle im Straßenverkehr sind zudem signifikante Unterschiede zwischen den einzelnen Wirtschaftspartnern, bezogen auf die Flottenstruktur und das Einsatzfeld auszumachen. Dies bedeutet, dass keine allgemeingültigen Fahrzeuggruppen vorgeschlagen werden können, sondern die Fahrzeuggruppen von jedem Unternehmen unter Berücksichtigung der jeweiligen Gegebenheiten (z. B. Flottenstruktur, Einsatzfelder) abzugrenzen sind.

Grundsätzlich kann jedoch festgehalten werden, dass zu Beginn zunächst eine überschaubare Anzahl an Fahrzeuggruppen (Richtgröße: max. 5) zu bilden ist. Eine Verfeinerung der Fahrzeuggruppen kann bei entsprechenden Anforderungen und mit steigenden Erfahrungswerten zu einem späteren Zeitpunkt erfolgen. Das zulässige Gesamtgewicht der Fahrzeuge, ergänzt durch die Fahrzeugzusammensetzung mit oder ohne Anhänger sowie die Organisationsform, stellen dabei die zentralen Kategorien zur Ausdifferenzierung der Fahrzeuggruppen dar. Die gebildeten Fahrzeuggruppen sind zudem in regelmäßigen Abständen auf deren Eignung zu prüfen[1]. Dies ist insbesondere dann vorzunehmen, wenn größere Veränderungen des Geschäftsfeldes oder Investitionen in den Fuhrpark in größerem Umfang vorgenommen worden sind.

7.1.2 Erfassung von Leerfahrten

Das zu spezifizierende VOS hat, gemäß den Richtlinien und Vorgaben der DIN EN 16258, sämtliche Leerfahrten der Transportdienstleistung zu enthalten, damit der Energieverbrauch und die CO$_2$-Emissionen vollständig erfasst werden. Dabei ist grundsätzlich unter einer Leerfahrt ein Streckenabschnitt eines Verkehrsträgers zu verstehen, auf dem kein Frachtgut transportiert wird. Eine detaillierte Spezifizierung erfolgt durch die Vorgaben der DIN EN 16258. Demnach sind unter einer Leerfahrt eine Vor- oder Nachpositionierung ohne Beladung oder reine Ladehilfsmitteltransporte zu verstehen. Keine Leerfahrten hingegen stellen Fahrten zu oder von einer Werkstatt und vergebliche Anfahrten zu einer Abholung oder einer Anlieferung dar (vgl. DIN 2013).

Bei der Berücksichtigung von Leerfahrten für die Emissionsberechnung sind grundsätzlich drei Verfahren einzeln oder auch kombiniert anwendbar, die eine abnehmende Detailgenauigkeit aufweisen:

- Verursachungsgerechte Zurechnungsverfahren
- Verursachungsnahe Zurechnungsverfahren
- Anwendung pauschaler, allgemein akzeptierter Vorgabewerte

Eine **verursachungsgerechte Zurechnung** kann dann erfolgen, wenn eine Leerfahrt eindeutig einer bestimmten Lastfahrt zugeordnet werden kann. Dies erfordert, dass die pro Tour zurückgelegten Kilometer systemseitig verfügbar sind. Im „GreenTool" werden Leerfahrtenanteile darüber berücksichtigt, dass bei der Berechnung eines durchschnittlichen Kraftstoffverbrauchs einzelner Fahrzeuggruppen sowohl Last- als auch Leerfahrten mit einbezogen werden. Darüber hinaus sind auf einer Tour alle zurückgelegten Kilometer zu erfassen. In untenstehender Abb. 7.3 sind zwei Beispiele von Touren dargestellt, bei denen verursachungsgerechte Zurechnungsverfahren Anwendung finden können.

---

[1] Eine Prüfung der Eignung von gebildeten Fahrzeuggruppen kann z. B. auf der Grundlage eines Vergleichs der durchschnittlichen Kraftstoffverbräuche zwischen den einzelnen Fahrzeuggruppen und der Abweichungen der Kraftstoffverbräuche innerhalb der Fahrzeuggruppen erfolgen.

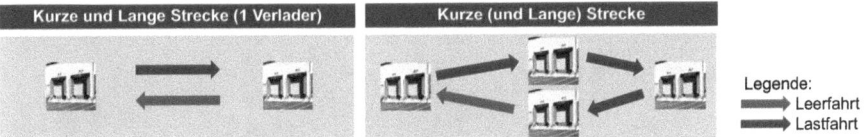

Abb. 7.3 Verursachungsgerechte Zurechnungsverfahren

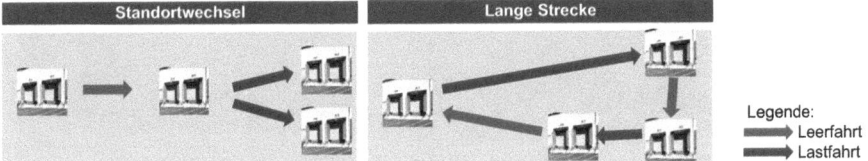

Abb. 7.4 Verursachungsnahe Zurechnungsverfahren

Verursachungsnahe Zurechnungsverfahren sind dann einzusetzen, wenn detaillierte Informationen über eine Leerfahrt vorliegen, diese aber nicht eindeutig einer einzelnen Lastfahrt zugeordnet werden können. Eine verursachungsnahe Zuordnung von Leerfahrtenanteilen ist z. B. bei Vor- oder Nachpositionierungen in Form von Standortwechseln anwendbar, wenn an einem Tag von einem Standort mehr Lastfahrten mit Fahrzeugen erfolgen, als Fahrzeuge ursprünglich an diesem Standort positioniert gewesen sind. In diesem Fall kann die durch die Vorpositionierung hervorgerufene Leerfahrt zum Standort nicht eindeutig einer einzelnen Lastfahrt zugeordnet werden. Hierbei sind aufgrund der erfolgten Leerfahrten pauschale Zuschlagssätze über bestimmte Zeiträume zu ermitteln, die allen abgehenden Lastfahrten zugerechnet werden. Beispielhaft wird die hierfür vorgeschlagene Vorgehensweise im Anhang (IV Verursachungsnahe Zurechnungsverfahren bei Leerfahrten) dargelegt. Das verursachungsnahe Zurechnungsverfahren ist ebenfalls im „GreenTool" systemseitig hinterlegt.

Darüber hinaus können verursachungsnahe Zurechnungsverfahren im Rahmen eines Hauptlaufs angewendet werden, wenn mehrere Kunden angefahren werden und dazwischen Leerfahrtenkilometer in größerem Umfang anfallen. Durch die Bildung von pauschalen Zuschlagssätzen pro Fahrzeuggruppe im „GreenTool", fließen diese Leerfahrtenanteile ebenfalls in die Berechnung der CO_2-Emissionen ein. Schematisch werden die beiden beschriebenen Fälle in Abb. 7.4 dargestellt.

Ein **Rückgriff** auf **pauschale, allgemein akzeptierte Vorgabewerte** ist dann erforderlich, wenn systemseitig keine Informationen über die zurückgelegten Leerfahrten vorliegen und lediglich die bei der Lastfahrt angefallenen Kilometer bekannt sind. Bei den am Forschungsprojekt „GreenTool" teilnehmenden Wirtschaftspartnern liegen für Transporte mit dem eigenen Fuhrpark systemseitig alle relevanten Kilometerangaben vor, so dass lediglich bei Transportdienstleistungen von Subunternehmern/Frächtern Vorgabewerte heranzuziehen sind. Hierbei kann auf die im

Tab. 7.1 Pauschale Leerfahrtenanteile im Straßenverkehr. (Quelle: IFEU Heidelberg, Öko-Institut, IVE, RMCON 2011, S. 21)

Straßengüterverkehr	Leerfahrtenanteil
Massengüter*	60%
Durchschnittsgüter**	20%
Volumengüter***	10%

*   **Gewicht** als limitierender Faktor des Fahrzeugs (z.B. Kohle, Eisenerze, Mineralöl, Düngemittel
**   Teils **Gewicht**, teils **Volumen** als limitierender Faktor des Fahrzeugs (z.B. Baustoffe, chemische Produkte)
***   **Volumen** als limitierender Faktor des Fahrzeugs (z.B. Konsumgüter wie Möbel, Kleidung, Lebensmittel)

„EcoTransIT" angesetzten und veröffentlichten Leerfahrtenanteile zurückgegriffen werden.[2]

Bei „EcoTransIT" handelt es sich um eine Initiative europäischer Bahnunternehmen[3], die gemeinsam mit dem Institut für Energie- und Umweltforschung (IFEU) und weiteren Beratungsunternehmen[4], einen frei zugänglichen, internetbasierten Emissionskalkulator entwickelt haben. Mit diesem Kalkulator können, auf der Grundlage akzeptierter Vorgabewerte, Emissionskennzahlen für alle Verkehrsträger berechnet werden.

Die pauschalen Lehrfahrtenanteile richten sich im Straßenverkehr nach den transportierten Gütern (Massen-, Durchschnitts- und Volumengüter), da diese die Transportabwicklung und somit die verursachten Leerfahrtenkilometer im Rahmen einer Tour maßgeblich beeinflussen. Die in Tab. 7.1 aufgeführten Zuschlagswerte können für Berechnung von Leerfahrtenanteilen angesetzt werden und sind den angefallenen Lastfahrtkilometern hinzuzurechnen.

7.2 Formeln zur Berechnung von CO_2-Emissionskennzahlen

Für die Berechnung von Energieverbräuchen und CO_2-Emissionskennzahlen ist der verursachte Kraftstoffverbrauch mit spezifischen Emissionsfaktoren zu gewichten. Bei der DIN EN 16258 wird dabei zwischen WTW (Energie- und Fahrzeugprozesse) und TTW (Fahrzeugprozesse) unterschieden (siehe ergänzende Erläuterungen 6.2.1). Nachfolgender Abbildung sind die Formeln für die Berechnung von Ener-

---

[2] http://www.ecotransit.org/.

[3] DB Schenker Rail, Schweizerische Bundesbahnen (SBB), Green Cargo AB, Trenitalia S.p.A, Société Nationale des Chemins de Fer Français (SNCF), Red Nacional de los Ferrocarriles Españoles (RENFE) und Société Nationale des Chemins de fer Belges (SNCB).

[4] INFRAS AG, Rail Management Consultants GmbH.

7.3 Kraftstoffver-brauch	7.4 Emissionsfaktoren		7.5 Energie- und CO_2-Emissionskennzahlen	
L	**x**	$UF_{TTW\_Energie}$	EV_{TTW}	**TTW-Energieverbrauch [MJ]**
		$UF_{WTW\_Energie}$	EV_{WTW}	**WTW-Energieverbrauch [MJ]**
	=	$UF_{TTW\_Emissionen}$	EM_{TTW}	**TTW-Emissionen [kg CO_{2e}]**
		$UF_{WTW\_Emissionen}$	EM_{WTW}	**WTW-Emissionen [kg CO_{2e}]**

Legende:

L	Gesamter Kraftstoffverbrauch in Litern, der für das VOS verwendet wurde	TTW	Tank-to-Wheel (Fahrzeugprozesse)
UF	Umrechnungsfaktor	WTW	Well-to-Wheel (Energie- und
EV	Energieverbrauch		Fahrzeugprozesse)
EM	Emissionen		

Abb 7.5 Formeln zur Berechnung von Energieverbräuchen und Emissionswerten. (Quelle: In Anlehnung an: DIN 2013, S. 15 und 16)

gieverbräuchen und CO_2-Emissionen bei der Verbrennung fossiler Kraftstoffe zu entnehmen. Dabei entsprechen die Zahlen in den roten Kreisen wiederum den jeweiligen Gliederungspunkten (Abb. 7.5).

7.3 Energie- und Kraftstoffverbrauch

Die Richtlinien der DIN EN 16258 geben, unabhängig vom eingesetzten Verkehrsträger, vier unterschiedliche Kategorien von Inputdaten für die Berechnung des gesamten Kraftstoffverbrauchs eines VOS vor. Die vier Kategorien weisen eine abnehmende Detailgenauigkeit der damit zu berechnenden CO_2-Emissionskennzahlen auf und sind gemäß den Richtlinien des Standards in der unten dargestellten Reihenfolge anzuwenden (vgl. DIN 2013, S. 14):

- **Individuelle Messwerte:** Eigener Messwert, der direkt für die betrachtete Transportdienstleistung gemessen worden ist.
- **Spezifische Werte des Transportdienstleisters:** Eigener Messwert, der für das betrachtete VOS auf der Grundlage eigener Messungen speziell für einen Fahrzeug- oder Routentyp gemessen wurde.
- **Flottenwerte des Transportdienstleisters:** Eigener Messwert, der für das betrachtete VOS auf der Grundlage eigener Messungen über den gesamten Fahrzeugbestand und über alle Einsätze bestimmt wurde.
- **Vorgabewerte:** Subunternehmer- oder branchenbezogener, extern gemessener Wert (z. B. aus amtlichen Statistiken wie z. B. HBEFA 3.1).

Im Folgenden werden für die einzelnen Module im „GreenTool" (Straßen-, Schienen-, See-, Binnenschiffs- und Luftverkehr sowie Lager, Umschlag und Administration) die unterschiedlichen Berechnungsverfahren und angesetzten Vorgabewerte beim Kraft- bzw. Energieverbrauch vorgestellt.

7.3.1 Straßenverkehr

Im Modul Straßenverkehr ist zwischen Transportdienstleistungen die im **Selbsteintritt** oder von **Subunternehmern** durchgeführt werden zu differenzieren, da für Straßentransporte im Selbsteintritt eine höhere Datengenauigkeit im Hinblick auf den Kraftstoffverbrauch vorliegt.

Werden Transportdienstleistungen im **Selbsteintritt** durchgeführt, zeigen die gewonnenen Erfahrungen aus dem Forschungsprojekt „GreenTool", dass i. d. R. detaillierte Informationen über die durchschnittlichen Kraftstoffverbräuche der Fahrzeuge zumindest auf monatlicher Basis vorliegen. Diese Informationen basieren z. B. auf Auswertungen von eingesetzten Telematiklösungen oder dem Auslesen von Tankkarten. Auf dieser Grundlage können für die definierten VOS durchschnittliche Kraftstoffverbräuche pro Zeiteinheit (idealerweise pro Monat) ermittelt werden. Gemäß der oben dargelegten Klassifizierung der DIN EN 16258 handelt es sich dabei um „Spezifische Werte des Transportdienstleisters", die somit eine hohe Detailgenauigkeit aufweisen.

Bei **Subunternehmern** liegen lediglich in wenigen Fällen detaillierte Angaben über die Kraftstoffverbräuche der eingesetzten Fahrzeuge vor. Um einen fundierten Überblick der von Subunternehmern verursachten Emissionen bei der Berechnung eines Logistik-CO$_2$-Fußabdrucks in Transportketten zu gewinnen, sind von Beginn an die Emissionswerte von allen eingesetzten Subunternehmern, zumindest auf der Grundlage von fundierten Vorgabewerten, zu berechnen. Im Zeitablauf ist anzustreben, bei den wesentlichen Subunternehmern die Qualität der Inputdaten zu verbessern, um auf diese Weise die Qualität der Emissionskennzahlen kontinuierlich zu steigern. Unter Berücksichtigung einer 80/20-Regel[5] können die bedeutenden Partner identifiziert werden, bei denen z. B. die Daten aus Telematik- und Navigationssystemen für die Emissionsberechnung heranzuziehen sind. Dabei ist zu beachten, dass der betriebene Gesamtaufwand für die Datenerfassung in angemessenem Verhältnis zum Anteil der Subunternehmer am gesamten Sendungsvolumen zu stehen hat.

Dieser Anforderungen wird im „GreenTool" in der Form Rechnung getragen, dass die Berechnung von Emissionskennzahlen für Subunternehmer auf der Grundlage von vier unterschiedlichen Berechnungsverfahren umgesetzt worden ist, die bei detaillierten Inputdaten eine zunehmende Qualität der Emissionskennzahlen ermöglichen:

• **Rein kalkulatorisches Berechnungsverfahren:** Angabe von Tonnenkilometern

---

[5] Häufig entfallen rund 80 % des Sendungsvolumens auf 20 % der Subunternehmer.

- **Teilweise kalkuliertes Berechnungsverfahren:** Angabe von Tonnenkilometern, zudem Spezifikation der Gut-, Fahrzeug-, Neigungs-, Treibstoffart, der Organisationsform und des Streckenprofils
- **Echtwerte:** Angabe des Kraftstoffverbrauchs pro Fahrzeug
- **Reportete Werte:** Angabe der von Subunternehmern berichteten CO_2-Emissionskennzahlen

In Abb. 4.6 ist die hierfür konzipierte Eingabemaske im „GreenTool" bereits dargestellt worden.

Grundsätzlich können die mit dem <Rein kalkulatorischen bzw. teilweise kalkulierten Berechnungsverfahren> ermittelten CO_2-Emissionskennzahlen für alle Verkehrsträger von denen anderer CO_2-Kalkulatoren abweichen. Dies kann im Wesentlichen darauf zurückgeführt werden, dass der Kraftstoff- bzw. Energieverbrauch von Verkehrsträgern durch eine Vielzahl unterschiedlicher Parameter beeinflusst wird, die auch nicht im <Teilweise kalkulierten Berechnungsverfahren> abgebildet werden können. Daher sind gewisse Annahmen, z. B. bezogen auf den Leerfahrtenanteil oder den Auslastungsgrad der Fahrzeuge zu treffen, die zu erheblichen Abweichungen bei den Emissionskennzahlen führen können. Im „GreenTool" wird daher auf akzeptierte Vorgabewerte im Hinblick auf den Kraftstoff bzw. Energieverbrauch zurückgegriffen, um aussagekräftige und vergleichbare CO_2-Kennzahlen zu erhalten. Dem Anwender werden daher sowohl im vorliegenden Handbuch als auch im Tool die genutzten Vorgabewerte transparent gemacht.

Im Straßenverkehr wird für den spezifischen Kraftstoffverbrauch beim <Teilweise kalkulierten Berechnungsverfahren> auf die Ergebnisse des Forschungsprojekts „Methodenbaukasten CO_2-Bilanz" des Instituts für Transportlogistik der Technischen Universität Dortmund zurückgegriffen.[6] Ziel dieses Projektes war es, einen Methodenbaukasten für kleine und mittelständische Logistikunternehmen zu entwickeln, um diesen eine auf einzelne Kunden bezogene Bilanzierung ihres Energieverbrauchs, Kohlenstoffdioxid- und Treibhausgasausstoßes zu ermöglichen.

In diesem Forschungsprojekt wurde, maßgeblich basierend auf den Daten aus dem Handbuch für Emissionsfaktoren des Straßenverkehrs (HBEFA), der für die Emissionsberechnung erforderliche, spezifische Energie- bzw. Kraftstoffverbrauch von Fahrzeugen in Abhängigkeit ausgewählter Kriterien (Gut-, Fahrzeug-, Neigungsart, Organisationsform und Streckenprofil) ermittelt.

Aufsetzend auf diesen Ergebnissen erfolgt im „GreenTool" die Berechnung von CO_2-Emissionskennzahlen unter Berücksichtigung der oben aufgeführten Kriterien. Die den Berechnungen zugrundeliegenden Energieverbräuche werden am Beispiel von Massengut im Straßenverkehr in der nachfolgenden Tab. 7.2 dargestellt.

---

[6] http://www.itl.tu-dortmund.de/cms/de/home/CO2-Methodenbaukasten/index.html.

Tab. 7.2 Energieverbrauch im Straßenverkehr (Massengut).(Quelle: In Anlehnung an: Muschkiet 2014)

Fahrzeugkategorie	Dieselverbrauch [l/tkm]
	Massengut
Kleiner Lkw	0.057
Mittelgroßer Lkw	0.050
Großer Lkw	0.038
Last-/ Sattelzug	0.028

7.3.2 Schienenverkehr

Für Transportdienstleistungen im Schienenverkehr, die von Subunternehmern erbracht werden, liegen, ebenso wie bereits im Straßenverkehr, kaum detaillierte Informationen über Kraftstoff- bzw. Energieverbräuche der Züge vor. Um Informationen über den Status quo der durch Subunternehmer im Schienenverkehr verursachten CO_2-Emissionen zu erhalten, sind wiederum zu Beginn CO_2-Emissionskennzahlen auf der Grundlage von Vorgabewerten zu ermitteln. Aufgrund der geringen Anzahl an Eisenbahnverkehrsunternehmen können weitere Inputdaten ggf. direkt oder über veröffentlichte Dokumente (z. B. Geschäftsberichte, Ergebnisse statistischer Erhebungen), für eine detaillierte Berechnung von CO_2-Emissionskennzahlen genutzt werden. Der Aufwand für die Erfassung von weiteren Inputdaten zur Erhöhung der Berechnungsgenauigkeit sollte wiederum unter Berücksichtigung der Bedeutung des Schienenverkehrs im Vergleich zu anderen Verkehrsträgern erfolgen (z. B. gemessen am anteiligen Sendungsvolumen).

Analog zum Modul Straßenverkehr, kann die Emissionsberechnung auch in diesem Modul auf der Grundlage der vier bereits dargestellten Berechnungsverfahren erfolgen. Dabei wird im „GreenTool" für das <Rein kalkulatorische bzw. teilweise kalkulierte Berechnungsverfahren> auf fundierte Vorgabewerte, bezogen auf den Kraft- bzw. Energieverbrauch von „EcoTransIT", zurückgegriffen.

Die im „EcoTransIT" angewendeten Vorgabewerte werden jedoch nicht direkt im Hintergrundbericht [7] aufgelistet. Aus diesem Grund ist auf andere Quellen zurückzugreifen, aus denen die erforderlichen Daten indirekt entnommen werden können. Die Vorgabewerte für den Schienenverkehr und die nachfolgenden Verkehrsträger stammen daher entweder aus dem vom Deutschen Speditions- und Logistikverband (DSLV) herausgegebenen „Leitfaden zur Emissionsberechnung" oder dem Buch „CO_2-Berechnung in der Logistik".

---

[7] Im Hintergrundbericht von EcoTransIT werden die zentralen Annahmen und Rahmenbedingungen für die Berechnung der CO2-Emissionskennzahlen aller Verkehrsträger dargelegt.

Tab. 7.3 Energieverbrauch im Schienenverkehr. (Quelle: Kranke et al. 2011, S. 184)

Topographie	Flach		Hügelig		Bergig	
Güterzugarten	Elektro [kWh/1.000tkm]	Diesel [Liter/1.000tkm]	Elektro [kWh/1.000tkm]	Diesel [Liter/1.000tkm]	Elektro [kWh/1.000tkm]	Diesel [Liter/1.000tkm]
Kurzzug						
Massengut	38.40	10.40	42.70	11.60	47.00	12.80
Durchschnittsgut	44.60	12.10	49.50	13.40	54.50	14.80
Volumengut	57.50	15.60	63.90	17.30	70.30	19.10
Mittlerer Zug						
Massengut	25.00	6.80	27.80	7.50	30.60	8.30
Durchschnittsgut	29.00	7.90	32.20	8.70	35.40	9.60
Volumengut	37.40	10.10	41.50	11.30	45.70	12.40
Langzug						
Massengut	19.40	5.30	21.60	5.90	23.80	6.40
Durchschnittsgut	22.50	6.10	25.00	6.80	27.50	7.50
Volumengut	29.10	7.90	32.30	8.70	35.50	9.60

In der folgenden Tabelle sind die im „GreenTool" zugrundeliegenden Vorgabe-werte im Schienenverkehr dargestellt. Hierbei wurde eine Untergliederung nach den Kriterien Traktions-, Gutart, Länge der eingesetzten Züge und Topographie vorgenommen, da diese Kriterien einen maßgeblichen Einfluss auf den Kraftstoff-bzw. Energieverbrauch aufweisen (Tab. 7.3).

7.3.3   See- und Binnenschiffsverkehr

Im See- und Binnenschiffsverkehr sind i. d. R. kaum fundierte Daten über die tat-sächlich verbrauchten Kraftstoffmengen verfügbar. Daher sind im „GreenTool" ebenfalls die vier bereits vorgestellten Berechnungsverfahren umgesetzt worden. Wie bereits im Modul Schienenverkehr ausführlich dargelegt, wird auf die von „EcoTransIT" angesetzten Vorgabewerte beim Kraftstoffverbrauch zurückgegrif-fen. Im Seeschiffsverkehr sind die Daten aus dem vom DSLV herausgegebenen Leitfaden und im Binnenschiffsverkehr aus dem Buch „CO_2-Berechnung in der Lo-gistik" entnommen worden.

Tabelle. 7.4 stellt die spezifischen Energieverbräuche im Seeverkehr, unterglie-dert nach der Schiffsgröße und Handelsroute, basierend auf Tonnenkilometer-An-gaben dar.

Tab. 7.4 Energieverbrauch im Seeschiffsverkehr. (Quelle: DSLV 2013, S. 48)

Handelsroute	Schiffsgröße	Transportgut		
		Durch-schnittsgut	Massengut	Volumengut
Containerschiffe		Spezifischer Schwerölverbrauch [l/tkm]		
Asien	4'700 – 7'000+ TEU	0.0044	0.0032	0.0076
Durchschnitt aller Handelslinien	2'000 – 4'700 TEU	0.0051	0.0037	0.0089
Intrakontinental	500 – 2'000 TEU	0.0070	0.0051	0.0123
Transatlantik	2'000 – 4'700 TEU	0.0051	0.0037	0.0089
Transpazifik	1'000 – 7'000+ TEU	0.0050	0.0036	0.0087
Übrige Linien	1'000 – 4'700 TEU	0.0055	0.0040	0.0096

Tab. 7.5 Energieverbrauch im Binnenschiffsverkehr. (Quelle: Kranke et al. 2011, S. 207)

Schiffstyp	Schiffsgröße	Transportgut		
		Durch-schnittsgut	Massengut	Volumengut
Containerschiffe		Dieselverbrauch [l/tkm]		
Europaschiff	100 TEU	0.0197	0.0143	0.0344
Klasse ≥V	200–500 TEU	0.0118	0.0085	0.0206
Koppelverband (R Rotterdam-Basel)	240 TEU	0.0058	0.0042	0.0101

Im Binnenschiffsverkehr erfolgt eine Differenzierung beim Energieverbrauch nach Gutart und den beiden gängigsten Schiffstypen (siehe Tab. 7.5). Darüber hinaus ist für die Strecke Rotterdam – Basel bereits die Kilometerangabe systemseitig hinterlegt worden, so dass lediglich die transportierten Tonnen einzupflegen sind. Der nachfolgenden Tabelle werden die den Berechnungen zugrundeliegenden Energieverbräuche dargelegt.

Tab. 7.6 Kerosinverbrauch im Luftverkehr. (Quelle: Kranke et al. 2011, S. 243)

Entfernung	Bellyfracht	Frachter
km	Kerosinverbrauch [kg/tkm]	
1'500	0.290	0.190
2'000	0.273	0.180
2'500	0.264	0.174
3'000	0.258	0.171
3'700	0.257	0.148
4'000	0.255	0.148
6'000	0.254	0.147
8'000	0.259	0.150
10'000	0.267	

7.3.4 Luftverkehr

Für den Luftverkehr kann die Emissionsberechnung ebenfalls auf der Grundlage von vier unterschiedlichen Berechnungsverfahren erfolgen. Für die Durchführung des <Teilweise kalkulierten Berechnungsverfahrens> wird im „GreenTool" auf die im Buch „CO_2-Berechnung in der Logistik" dargelegten Datensätzen im Hinblick auf die spezifischen Kerosinverbräuche zurückgegriffen. Der nachfolgenden Tab. 7.6 ist, differenziert nach Bellyfracht und Frachter, der durchschnittliche Kerosinverbrauch pro Tonnenkilometer zu entnehmen.

7.3.5 Funktionsbereiche Lager, Umschlag und Administration

In den Funktionsbereichen Lager, Umschlag und Administration sind für die Berechnung eines Unternehmens-CO_2-Fußabdrucks sämtliche Energie- und Kraftstoffverbräuche auf jährlicher Basis zu erfassen. Im „GreenTool" können diese Energieverbräuche in einem separaten Modul eingepflegt und einem Unternehmensstandort zugeordnet werden, wobei die eingepflegten Daten weitgehend auf Echtwerten basieren sollten. Die dafür erforderlichen Angaben können z. B. den Strom- oder Tankrechnungen entnommen werden. In nachfolgender Abb. 7.6 wird die im „GreenTool" umgesetzte Eingabemaske zur Erfassung der Energieverbräuche in den Funktionsbereichen Lager, Umschlag und Administration dargestellt.

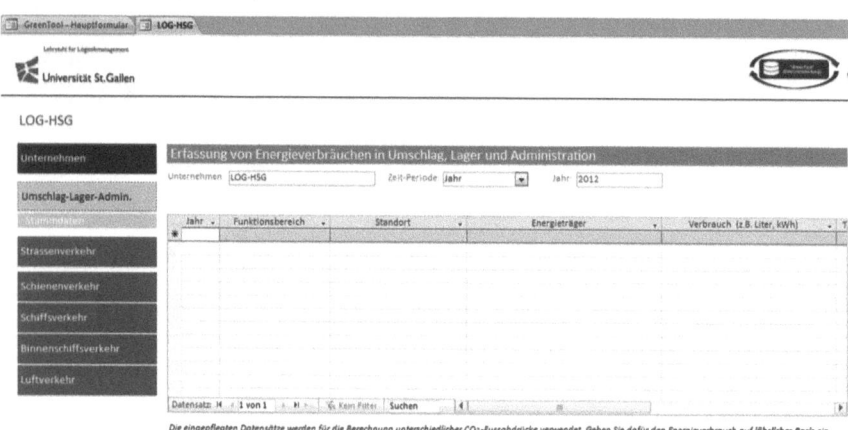

Abb. 7.6 Eingabemaske: Funktionsbereiche Lager, Umschlag und Administration

---

7.4   Emissionsfaktoren

Mit Hilfe von Emissionsfaktoren können die ermittelten Kraftstoffverbräuche in Energie- und CO$_2$-Emissionenskennzahlen, differenziert nach TTW und WTW, umgerechnet werden. Dabei sind ausschließlich Emissionsfaktoren anzuwenden, die entsprechend den Vorgaben und Richtlinien der Standards zum CO$_2$-Accounting ermittelt worden sind. Im „GreenTool" basieren die eingepflegten Daten daher weitgehend auf den im Anhang der DIN EN 16258 veröffentlichten Emissionsfaktoren. Darüber hinaus sind einzelne Emissionsfaktoren, wie z. B. für AdBlue®, Bahnstrom (CH/D/A) oder Heizöl aus einschlägigen Quellen entnommen worden (DSLV 2013; Kranke et al. 2011). Die erfassten Emissionsfaktoren sind vom Anwender von „GreenTool" jährlich auf deren Aktualität zu prüfen und bei Bedarf entsprechend anzupassen.

7.4.1   Funktionsbereich Transport

In der nachfolgenden Tab. 7.7 sind ausgewählte Emissionsfaktoren, die im Transportbereich von Bedeutung sind, aufgelistet.

7.4.2   Funktionsbereiche Lager, Umschlag und Administration

Bei Emissionsfaktoren für Lager, Umschlag und Administration ist ausschließlich auf Angaben in der einschlägigen Literatur (z. B. DSLV 2013; Kranke et al. 2011) bzw. den Herstellerangaben zurückzugreifen. Ausgewählte Emissionsfaktoren für die oben aufgeführten Funktionsbereiche sind in nachfolgender Tabelle zusammengefasst (Tab. 7.8).

Tab. 7.7 Emissionsfaktoren ausgewählter Energieträger im Transportbereich. (Quelle: DIN 2013, S. 23, 25)

Art des Kraftstoffs	Energie		CO_2e-Emissionen	
	UF_{TTW}	UF_{WTW}	UF_{TTW}	UF_{WTW}
Dieselkraftstoff ohne Biodieselanteil	35.9 MJ / l	42.7 MJ / l	2.67 kg CO_2e / l	3.24 kg CO_2e / l
Dieselkraftstoff mit 5% Biodieselanteil	35.7 MJ / l	44.0 MJ / l	2.54 kg CO_2e / l	3.17 kg CO_2e / l
Ottokraftstoff ohne Ethanolanteil	31.7 MJ / l	38.4 MJ / l	2.30 kg CO_2e / l	2.80 kg CO_2e / l
Erdgas (CNG)	45.1 MJ / kg	50.5 MJ / kg	2.68 kg CO_2e / kg	3.07 kg CO_2e / kg
Biodiesel	32.8 MJ / l	68.5 MJ / l	0	1.92 kg CO_2e / l

Tab. 7.8 Emissionsfaktoren ausgewählter Energieträger für Lager, Umschlag und Administration. (Quelle: DSLV 2013, S. 12)

	Energie		CO_2e-Emissionen	
	UF_{TTW}	UF_{WTW}	UF_{TTW}	UF_{WTW}
Erdgas – Heizwert	3.6 MJ/kWh	4.1 MJ/kWh	0.202 CO_2e / kWh	0.242 kg CO_2e / kWh
Erdgas – Brennwert	3.2 MJ/kWh	3.7 MJ/kWh	0.182 CO_2e / l	0.218 kg CO_2e / kWh
Heizöl	35.8 MJ/l	41.7 MJ/l	2.67 kg CO_2e / l	3.09 kg CO_2e / l

7.5 Qualität von CO_2-Emissionskennzahlen

CO_2-Emissionskennzahlen weisen in Abhängigkeit der vorliegenden Inputdaten, bezogen auf den Kraftstoff- bzw. Energieverbrauch, eine unterschiedliche Detailgenauigkeit (Realitätsnähe) und somit Qualität auf. Untenstehende Abb. 7.7 stellt in strukturierter Form am Beispiel des Straßenverkehrs die erforderlichen Inputdaten

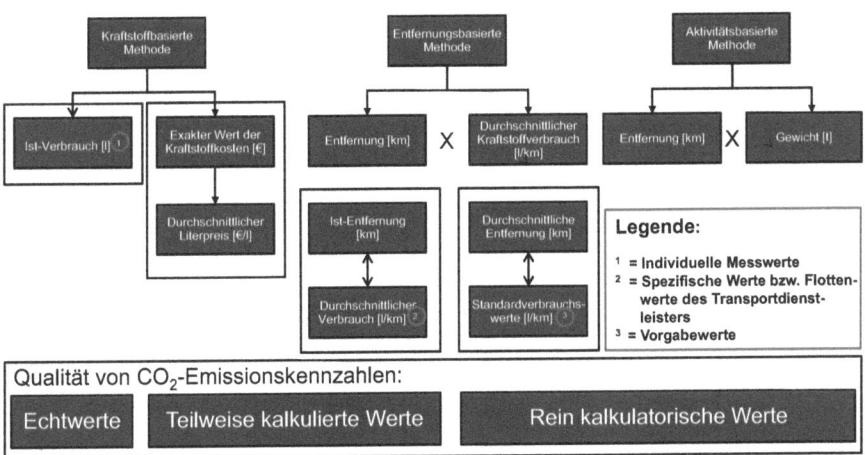

Abb. 7.7 Qualität von CO_2-Emissionskennzahlen

für unterschiedliche Berechnungs-Methoden dar. Dabei kann bei der Ermittlung des Kraftstoffverbrauchs zwischen drei unterschiedlichen Methoden (kraftstoff-, entfernungs- und aktivitätsbasierte) differenziert werden. Die für die einzelnen Methoden erforderlichen Inputdaten bezogen auf den Kraftstoffverbrauch können zudem den vier Kategorien der Kraftstoffverbräuche gemäß der DIN EN 16258 (siehe Ausführung Kap. 7.3) zugeordnet werden. Die Qualität von CO$_2$-Emissionskennzahlen in Abhängigkeit der Inputdaten kann sich dabei in einem Spektrum von unternehmensspezifischen Echtwerten bis zu rein kalkulatorischen Werten bewegen.

Die berechneten CO$_2$-Emissionswerte sind im nächsten Schritt einzelnen Verladern, Sendungen oder Produkten bzw. unternehmensinternen Kenngrößen möglichst verursachungsgerecht zuzuordnen.

Allokation von CO$_2$-Emissionen

Allokation bedeutet eine möglichst verursachungsgerechte Zuordnung der ermittelten CO$_2$-Emissionswerte auf relevante Bezugsgrößen, die die Aktivitäten des Unternehmens widerspiegeln. Bei der Allokation können die CO$_2$-Emissionen nicht nur einzelnen **Auftraggebern** verursachungsrecht zugeordnet werden, sondern auch **unternehmensinterne Kenngrößen** (z. B. CO$_2$-Emissionen pro Fahrzeuggruppe, pro Standort) ermittelt werden.

Bei der Allokation von Emissionen auf einzelne **Auftraggeber** sind die Richtlinien und Vorgaben der Standards zum CO$_2$-Accounting einzuhalten. Losgelöst von diesen Vorgaben können **unternehmensinterne Kenngrößen** definiert und kalkuliert werden. Entscheidend ist, dass die CO$_2$-Emissionskennzahlen als Grundlage zur Identifikation von zentralen Emissionstreibern und somit der Ableitung gezielter Maßnahmen zur Erhöhung der CO$_2$-Effizienz beitragen können.

Im folgenden Kapitel werden gemäß den Standards zum CO$_2$-Accounting, im Besonderen der DIN EN 16258, zulässige Allokationsparamater, differenziert für die einzelnen Funktionsbereiche Transport, Lager sowie Umschlag vorgestellt und im Lichte der Anwendbarkeit bei mittelständischen Logistikdienstleistern bewertet.

8.1 Funktionsbereich Transport

Die Richtlinien und Vorgaben der DIN EN 16258 geben ein Spektrum an möglichen Allokationsparametern vor, wobei im Gegensatz zum GHG Protokoll, eine Allokation auf der Grundlage von ökonomischen Kenngrößen (z. B. Preise, Umsatzerlöse) nicht zulässig ist.

Als bevorzugter Allokationsparameter wird von der DIN EN 16258 die Transportleistung [tkm] vorgegeben, die sich aus dem Produkt des Gewichts und der Entfernung zusammensetzt. Beim Gewicht ist grundsätzlich das Bruttogewicht, d. h. das Gewicht des Frachtguts, der Verpackung und des Ladehilfsmittels, anzusetzen. Die Entfernung bezieht sich i.d. R auf die zurückgelegte Strecke des Frachtguts im jeweiligen Transportmittel.

© Springer-Verlag Berlin Heidelberg 2015

M. Gogolin, T. Klaas-Wissing, „GreenTool" als Grundlage für das CO$_2$-Management, Advanced Purchasing & SCM 5, DOI 10.1007/978-3-662-45521-0_8

Alternativ ist ein Allokationsparameter, der sich aus dem Produkt der zurückgelegten Kilometer und einer anderen Frachtgröße (z. B. Volumen) zusammensetzt,
ebenfalls zulässig und insbesondere dann anwendbar, wenn diese Frachtgröße **den
limitierenden Faktor für die Kapazität des jeweiligen Verkehrsträgers** darstellt.
Folgende Frachtgrößen sind gemäß der Vorgaben der DIN EN 16258 grundsätzlich
für die Allokation zulässig (vgl. DIN S. 18):

- **Frachtgrößen**: Volumen [m³], Lademeter, Palettenanzahl, Paketanzahl, Anzahl
  Standardcontainer [TEU]

Eine Allokation kann aber auch ausschließlich auf der Grundlage einer der oben
dargestellten Fracht- oder einer Entfernungsgröße erfolgen. Neben den zurückgelegten Kilometern sind folgende Entfernungsgrößen gemäß der Richtlinien und
Vorgaben der DIN EN 16258 standardkonform:

- **Kürzeste realisierbare Distanz [km]** (Strecke, die mit dem Verkehrsträger tat-
  sächlich realisierbar ist)
- **Großkreisdistanz [km]** (kürzester theoretischer Abstand zwischen zwei Punk-
  ten, d. h. die Luftlinie)

Eine besonders detaillierte Empfehlung wird von der DIN EN 16258 für Sammel-
und/oder Verteilfahrten herausgegeben. Bei diesen Fahrten ist die Entfernungskom-
ponente auf der Grundlage der Großkreisdistanz (Luftlinie) oder kürzesten realisier-
baren Distanz mit dem eingesetzten Verkehrsträger zu bemessen. Auf diese Weise
hat die Reihenfolge, in der die jeweilige Tour durchgeführt wird, keinen maßgeblichen Einfluss auf die Höhe der allokierten Emissionen pro Sendung bzw. pro Auftraggeber. Ein Beispiel für die standardkonforme Durchführung einer Allokation,
die entsprechend im „GreenTool" umgesetzt wurde, ist für einen beispielhaften
Hauptlauf sowie eine Sammel- und/oder Verteilfahrt im Anhang (V Allokation bei
Sammel- und Verteilfahrten und VI Allokation am Beispiel Hauptlauf) dargestellt.
  Die Wahl des Allokationsparameters kann einen großen Einfluss auf die Höhe
der allokierten CO_2-Emissionen haben. Um eine möglichst verursachungsgerechte
Allokation erzielen zu können, sollte sich der Allokationsparameter idealerweise
aus dem Produkt einer Fracht- und einer Entfernungsgröße zusammensetzen. Zur
Reduzierung der Komplexität ist es standardkonform, einen Allokationsparameter
auf Ebene der gebildeten VOS festzulegen. Da sich die Entfernungsgröße maß-
geblich nach der Organisationsform (Hauptlauf/Sammel- und/oder Verteilfahrt)
richtet, ist i.d. R die Frachtgröße durch den Anwender zu spezifizieren. Bei der
Bestimmung der relevanten Frachtgröße ist neben dem limitierenden Faktor des
Verkehrsträgers, die systemseitige Verfügbarkeit von Daten über die transportierten
Sendungen zu berücksichtigen. Dies ist von zentraler Bedeutung, da bei der Durch-
führung der Allokation diese Sendungsangaben erforderlich sind. Daher ist für die
Allokation eine Frachtgröße heranzuziehen, für die die höchste sendungsbezogene
Datenverfügbarkeit vorliegt. Im „GreenTool" ist diese Entscheidungslogik system-

seitig hinterlegt, um den Benutzer bei der Auswahl einer sachgerechten Frachtgröße für die Allokation zu unterstützen.

Die Ergebnisse der am Forschungsprojekt „GreenTool" teilnehmenden Wirtschaftspartner verdeutlichen, dass das Gewicht in den häufigsten Fällen den limitierenden Faktor bei den gebildeten VOS darstellt und darüber hinaus detaillierte Informationen über die Gewichte der transportierten Sendungen vorliegen. Daher wird in den meisten Fällen als Frachtgröße das Gewicht herangezogen, wodurch als Allokationsparameter Tonnenkilometer zur Anwendung kommen.

8.2 Funktionsbereiche Lager und Umschlag

Für den Lager- und Umschlagsbereich geben die Richtlinien und Vorgaben der DIN EN 16258 sowie der GHG Protokolle keine konkreten Vorgaben im Hinblick auf zulässige Allokationsparameter. Dennoch sollte die Festlegung eines Allokationsparameters in Anlehnung an die Vorgaben der beiden Standards zum CO_2-Accounting erfolgen, so dass der limitierende Faktor des Lagers bzw. der eingesetzten Umschlagstechnik als ein adäquater Allokationsparameter beurteilt werden kann.

Im **Lagerbereich** können daher grundsätzlich folgende Allokationsparameter Anwendung finden:

• Volumen, Fläche, Anzahl an Lagerstellplätzen

Bei den Wirtschaftspartnern liegt i.d. R keine 100%ige Auslastung im Lagerbereich vor, so dass ein limitierender Faktor vergleichsweise schwer ableitbar und somit zu bestimmen ist. Darüber hinaus hängt der limitierende Faktor im Lager von gewissen Einflussgrößen, wie z. B. dem Produktspektrum oder der eingesetzten Lagertechnik, ab. Insbesondere im palettierten Stückgutbereich bietet es sich an, die Anzahl an Lagerstellplätzen als Grundlage für die Allokation heranzuziehen, unter der Voraussetzung, dass die dafür erforderlichen Informationen systemseitig verfügbar sind.

Im Funktionsbereich **Umschlag** stellen die Anzahl und der Zeitaufwand der durchgeführten Umschlagsvorgänge einen zentralen Leistungsparameter dar. Aus Vereinfachungsgründen bietet es sich daher an, die Anzahl an Umschlagsvorgängen als Allokationsparameter zu verwenden.

Reporting

Ein Reporting von CO_2-Emissionskennzahlen kann – wie bereits im Themenfeld Allokation dargelegt – für interne Adressaten, aber auch externe Adressaten erstellt werden. Hierbei wird im „GreenTool" grundsätzlich zwischen den nachfolgenden drei Reportings differenziert, für die jeweils eigene Module umgesetzt worden sind:

- Unternehmensweites CO_2-Reporting
- Fokussiertes CO_2-Reporting
- Externes CO_2-Reporting

9.1 Unternehmensweites CO_2-Reporting

Das Modul <Unternehmensweites CO_2-Reporting> ermöglicht die Berechnung sämtlicher Scope 1- und Scope 2- sowie ausgewählter Scope 3-Emissionen, die durch die Geschäftstätigkeit des Unternehmens im Laufe eines Jahres verursacht werden. Dadurch können ein Unternehmens-CO_2-Fußabdruck und ein Logistik-CO_2-Fußabdruck in Transportketten, gemäß den Richtlinien sowie Vorgaben der Standards der GHG Initiative berechnet werden. Diese CO_2-Emissionskennzahlen können die Unternehmen gezielt, z. B. im Rahmen von Nachhaltigkeitsberichten an interne und externe Stakeholder, kommunizieren. Die durch die Berichterstattung geschaffene Transparenz kann die Basis für den Aufbau eines nachhaltigen Unternehmensimages darstellen.

Das <Unternehmensweite CO_2-Reporting> ermöglicht den Wirtschaftspartnern zudem, Emissionstreiber im eigenen Unternehmen zu identifizieren und darauf aufbauend fundiert Emissionsminderungsmaßnahmen abzuleiten. Um aussagekräftige Emissionskennzahlen zu ermitteln, hat die Berechnung von Scope 1- und Scope 2-Emissionen auf der Grundlage von Echtdaten im Hinblick auf den jährlichen Verbrauch von Energieträgern zu erfolgen. Die kalkulierten CO_2-Emissionen werden im „GreenTool" den jeweiligen Funktionsbereichen (Lager, Umschlag, Administration und Transport) und Standorten des Unternehmens verursachungsgerecht zugeordnet. Im Straßenverkehr (Selbsteintritt) können neben standort- auch fahr-

© Springer-Verlag Berlin Heidelberg 2015

M. Gogolin, T. Klaas-Wissing, „GreenTool" als Grundlage für das CO2-Management, Advanced Purchasing & SCM 5, DOI 10.1007/978-3-662-45521-0_9

zeuggruppenspezifische Auswertungen durchgeführt werden. Darüber können die eingepflegten Kraftstoffverbräuche der einzelnen Fahrzeuge mit Leistungsparametern (z. B. tkm) verknüpft werden, um CO_2-Leistungskennzahlen (z. B. CO_2/tkm) berechnen zu können. Auf dieser Grundlage können die Wirtschaftspartner durch interne aber auch externe Vergleiche bestehende Defizite im operativen Betreib des eigenen Unternehmens aufdecken und die CO_2-Effizienz durch gezielte Maßnahmen erhöhen.

9.2   Fokussiertes CO_2-Reporting

Das <Fokussierte CO_2-Reporting> erfolgt unterjährig für die wesentlichen Emissionstreiber[1] im Unternehmen, die im Rahmen des <Unternehmensweiten CO_2-Reportings> identifiziert worden sind. Auf diese Weise kann die Entwicklung der Emissionen in regelmäßigen Zeitintervallen überwacht und analysiert werden. Bei transportintensiven Logistikdienstleistern wird das Hauptaugenmerk i. d. R. auf dem Funktionsbereich Transport liegen. Dabei werden bei den systemseitig umgesetzten Auswertungen im <Fokussierten CO_2-Reporting> die Emissionskennzahlen der letzten drei Perioden gesammelt aufbereitet, damit dem Anwender ebenfalls eine konkrete Entwicklung der CO_2-Effizienz aufgezeigt werden kann. Die Effekte von Emissionsminderungsmaßnahmen können somit zeitnah überwacht und im Zeitablauf kontinuierlich evaluiert werden.

Bei der Festlegung einer unterjährigen Frequenz für das <Fokussierte CO_2-Reporting> bietet es sich an, sich am finanziellen Reporting zu orientieren, damit eine möglichst hohe Integration in Management- und Controlling-Systeme ermöglicht wird. Darüber hinaus sind Kosten-Nutzen-Abwägungen vorzunehmen, wobei insbesondere der Erfassungsaufwand für die Ermittlung der Energieverbräuche und Leistungsparameter im Fokus zu stehen hat. So kann es z. B. bei einem hohen manuellen Erfassungsaufwand zielführend sein, die Emissionskennzahlen in einer geringeren Frequenz (z. B. quartalsweise oder halbjährlich) zu ermitteln. Diese Entscheidungslogik für die Bestimmung der Frequenz ist im „GreenTool" hinterlegt und bei der erstmaligen Anwendung des fokussierten CO_2-Reportings zu durchlaufen. Hierbei hat der Anwender zu beachten, dass im „GreenTool" aufgrund systemseitiger Restriktionen keine nachträgliche Anpassung der Frequenz im <Fokussierten CO_2-Reporting> vorgenommen werden kann.

9.3   Externes CO_2-Reporting

Das <Externe CO_2-Reporting> ermöglicht die Berechnung von standardkonformen CO_2-Emissionskennzahlen in unterschiedlichen Detaillierungsgraden (z. B. Verladervolumen, pro Auftrag, pro Sendung, pro Packstück) bzw. Frequenzen (z. B.

---

[1] Funktionsbereiche, die anteilig mehr als 50 % an den Gesamtemissionen ausmachen, können als wesentlich bewertet werden.

quartalsweise, monatlich, wöchentlich, täglich). Dabei können Emissionskennzah-len für Transportdienstleistungen, die von Subunternehmern durchgeführt werden, mit allen Verkehrsträger ermittelt werden. Im Straßenverkehr ist darüber hinaus die Berechnung von Emissionskennzahlen für den Selbsteintritt im „GreenTool" umgesetzt worden. Über eine Darstellung in Ampelform, mit der Abstufung über die Farben grün, gelb, rot[2], erhält der Anwender zudem bei jeder durchgeführten Kalkulation eine Information über die Qualität der berechneten CO$_2$-Emission-skennzahlen. Auf diese Weise kann den steigenden Anforderungen von Auftrag-gebern im Hinblick auf Transparenz der in Transportketten verursachten CO$_2$-Emissionskennzahlen Rechnung getragen werden.

Die Berechnung von Emissionskennzahlen kann für alle Verkehrsträger – ana-log zum <Internen CO$_2$-Reporting> – auf der Grundlage von drei unterschiedlichen Berechnungsverfahren[3] erfolgen (siehe Ausführungen unter 7.3.1 bis 7.3.4; das Ver-fahren „Reportete Werte" wurde nicht in das <Externe Reporting> integriert).

Im Straßenverkehr (Selbsteintritt) wird auf die in den <Internen CO$_2$-Reportings> definierten Fahrzeugeinsatzsysteme und berechneten durchschnittlichen Kraftstoff-verbräuchen sowie CO$_2$-Emissionskennzahlen (z. B. CO$_2$/tkm) zurückgegriffen. Dies ermöglicht die Berechnung von aussagekräftigen CO$_2$-Emissionskennzahlen mit vergleichsweise geringem Erfassungsaufwand. Zudem können damit nicht nur Emissionskennzahlen für bereits durchgeführte, sondern auch für zukünftige Trans-portdienstleistungen (z. B. erforderliche Angaben im Rahmen von Ausschreibun-gen) kalkuliert werden.

Um standardkonforme CO$_2$-Emissionskennzahlen zu berechnen, werden für das <Externe CO$_2$-Reporting> im Rahmen der <Allgemeinen Voreinstellungen> beim Straßenverkehr (Selbsteintritt) einige Bereiche aufgegriffen, die dazu führen kön-nen, dass bei den jeweiligen Fahrzeugeinsatzsystemen spezifische Zuschlagssätze zu berücksichtigen sind. Dabei handelt es sich um folgende Bereiche:

• Leerfahrten in Form von Standortwechseln
• Leerfahrten im Hauptlauf
• Teilstrecken im Kombinierten Verkehr

Diese Bereiche sind bei der Erstanwendung von „GreenTool" zu durchlaufen und ausschließlich bei wesentlichen Änderungen der operativen Einsatzfelder der Fahr-zeuge erneut zu bearbeiten. Dabei wird in einem ersten Schritt spezifiziert, ob der Bereich für das jeweilige Fahrzeugeinsatzsystem überhaupt von Bedeutung ist. Sollte dies der Fall sein, wird in einem zweiten Schritt die Relevanz geprüft; hier-bei wird auf die Vorgaben des GHG Protokolls zurückgegriffen. Demnach können Emissionen, die anteilig mehr als 5 % an den Gesamtemissionen ausmachen, als relevant klassifiziert werden. In einem dritten Schritt wird, unter Berücksichtigung

---

[2] Erläuterung: Grün (Echtwerte); Gelb (Teilweise kalkulierte Werte), Rot (Rein kalkulatorische Werte).

[3] <Echtwerte>, <Teilweise kalkuliertes Berechnungsverfahren> und <Rein kalkulatorisches Be-rechnungsverfahren>.

der eingepflegten Daten, ein Zuschlagsfaktor kalkuliert, der entweder pauschal einer einzelnen Tour oder anteilig den Lastfahrtenkilometern zugeschlagen wird. Auf diese Weise können sämtliche anfallende und zu berücksichtigende Emissionen beim <Externen CO_2-Reporting> in effizienter Form berücksichtigt werden.

Entwicklungsoptionen von „GreenTool"

Die im vorliegenden Handbuch vorgestellte Pilotversion eines CO_2-Berechnungs-Werkzeugs ermöglicht die Berechnung von aussagekräftigen Emissionskennzahlen für transportintensive Logistikdienstleister. Dabei können CO_2-Kennzahlen sowohl für das interne als auch das externe Reporting ermittelt werden. Mittelständische Logistikdienstleister können auf dieser Grundlage ein branchenkompatibles CO_2-Management umsetzen. Aufgrund der vorhandenen Funktionalitäten kann die vorgestellte Pilotversion als Basis für eine professionell gestaltete Softwarelösung herangezogen werden. Für eine Weiterentwicklung des CO_2-Berechnungs-Werkzeugs „GreenTool" werden insbesondere die nachfolgenden inhaltlichen bzw. funktionalen Ansatzpunkte gesehen:

- **Inhalt: Abbildung umfangreicher Unternehmensstrukturen**
  Das CO_2-Berechnungs-Werkzeug „GreenTool" bietet dem Anwender die Möglichkeit, neben dem Hauptunternehmen auch deren direkte Beteiligungen (Tochtergesellschaften) abzubilden. Auf der Ebene der Tochtergesellschaften ist es dem Anwender von „GreenTool" jedoch nicht möglich, weitere Beteiligungen zur Abbildung komplexer Unternehmensstrukturen anzulegen, was einen Ansatzpunkt für eine Weiterentwicklung bietet.
- **Inhalt: Abbildung gesamter Transportketten im <Externen CO_2-Reporting>**
  Im „GreenTool" können für alle Verkehrsträger auf der Grundlage von unterschiedlichen Berechnungsverfahren CO_2-Emissionskennzahlen berechnet werden. Die Abbildung komplexer Transportketten, bestehend aus mehreren Transporten und Lager- und Umschlagsvorgänge, können im „GreenTool" mit hohem manuellem Erfassungsaufwand umgesetzt werden. Bei einer Weiterentwicklung können hierfür zugeschnittene Module umgesetzt werden, die die Abbildung durchgeführter Transportketten und systemseitige Auswertungen ermöglichen.
- **Funktion: Löschen von aktivierten Beteiligungen/Deaktivierung von Verkehrsträgern**
  Beteiligungen, die einmal im „GreenTool" angelegt worden sind, können durch den Anwender zwar deaktiviert werden, eine Löschung dieser Beteiligungen, insbesondere zur Erhöhung der Übersichtlichkeit in der Darstellung, ist nicht

© Springer-Verlag Berlin Heidelberg 2015
M. Gogolin, T. Klaas-Wissing, „GreenTool" als Grundlage für das CO2-Management,
Advanced Purchasing & SCM 5, DOI 10.1007/978-3-662-45521-0_10

vorgesehen. Darüber hinaus können Verkehrsträger, die bei den Unternehmen (inklusive Subunternehmer) einmal aktiviert worden sind, nicht wieder deaktiviert werden. Diese Einschränkungen sind in der Access-Datenbank erforderlich, damit keine bereits erfassten Daten verloren gehen und somit Auswertungen über die CO_2-Fußabdrücke aus vorangegangenen Jahren weiterhin möglich sind. Bei der Umsetzung eines CO_2-Berechnungs-Werkzeugs in leistungsfähigeren IT-Systemen kann die Anwenderfreundlichkeit durch eine höhere Flexibilität in diesem Bereich gesteigert werden.

- **Funktion: Verifizierung der erfassten Fahrzeuggruppen im Straßenverkehr**
  Die im „GreenTool" vom Anwender gebildeten Fahrzeuggruppen werden systemseitig nicht auf deren Homogenität (Spannbreite der Kraftstoffverbräuche innerhalb einer Gruppe) geprüft. Bei einer Weiterentwicklung könnte eine systemseitige Verifizierung von gebildeten Fahrzeuggruppen, z. B. bezogen auf den durchschnittlichen Kraftstoffverbrauch zwischen den Fahrzeuggruppen und der Abweichungen der Kraftstoffverbräuche innerhalb einer Fahrzeuggruppe, implementiert werden. Auf diese Weise könnten bei jeder Datenerfassung nicht nur die Fahrzeuggruppen auf deren Homogenität geprüft, sondern dem Anwender auch konkrete Handlungsempfehlungen für eine zielgerichtete Anpassung der Fahrzeuggruppen aufgezeigt werden.

- **Funktion: Anlegen von Fahrzeuggruppen bei Subunternehmern**
  Im „GreenTool" können Subunternehmer angelegt und spezifischen Verkehrsträgern zugeordnet werden, eine Abbildung des Fuhrparks oder auch die Bildung von einzelnen Fahrzeuggruppen von Subunternehmern ist nicht möglich. Bei einer Weiterentwicklung kann hierfür insbesondere für den Straßenverkehr ein eigenes Modul umgesetzt werden, um somit die Detailgenauigkeit der CO_2-Emissionskennzahlen sowohl für das interne als auch externe CO_2-Reporting sukzessive zu erhöhen.

- **Funktion: Schnittstellen zu bestehenden IT-Systemen**
  Das Einspielen von z. B. in Excel aufbereiteten Datensätzen kann ins „GreenTool" erfolgen, dennoch sind keine Schnittstellen zu bestehenden IT-Lösungen von Logistikdienstleistern umgesetzt worden. Ein an bestehenden IT-Systemen ausgerichtetes Schnittstellenmanagement beim CO_2-Berechnungs-Tool führt nicht nur zu einer Erhöhung der Bedienerfreundlichkeit, sondern kann auch dazu beitragen, dass die Daten korrekt und vollständig eingepflegt werden.

- **Funktion: Prüfung der Vollständigkeit der Datensätze**
  Die ins „GreenTool" eingepflegten Datensätze für die Berechnung der unterschiedlichen CO_2-Emissionskennzahlen werden nicht auf Vollständigkeit und lediglich punktuell (im Straßenverkehr beim Selbsteintritt) auf Plausibilität geprüft. Bei einer Weiterentwicklung eines CO_2-Berechnungs-Tools sind gezielt systemseitig die eingepflegten Daten zu verifizieren, um dem Anwender Unplausibilitäten direkt aufzeigen zu können.

Ausblick

11

Die vorgestellten Kompetenz- und Schlüsselbereiche eines CO_2-Accountings weisen auf Unternehmensebene in Summe eine hohe Komplexität auf. Können jedoch mittels CO_2-Accounting aussagekräftige Emissionskennzahlen berechnet werden, ist die Grundlage für die Umsetzung eines CO_2-Managements im Unternehmen bereits geschaffen. Aufsetzend auf diesen Ergebnissen können die Emissionskennzahlen aktiv in Entscheidungsprozesse des Unternehmens integriert werden:

- Strategische Ebene, z. B. Gestaltung von Transportnetzwerken, umweltorientierte Verkehrsträgerauswahl, Modernisierung des Fuhrparks
- Operative Ebene, z. B. Routen- und Tourenplanung, Optimierung der Laderaumauslastung und der Lieferfrequenz

Hierfür sind adäquate Verfahren bzw. Methoden für die Ableitung von CO_2-Minderungsmaßnahmen anzuwenden, die es ermöglichen, bei der Bewertung und darauf aufbauenden Priorisierung von einzelnen Maßnahmen neben ökonomischen (z. B. Kosten) auch ökologische Kenngrößen (z. B. CO_2/tkm) zu berücksichtigen. Als mögliche Anwendungsbeispiele können hierfür das Scoring-Verfahren bzw. die Greenhouse Gas Abatement Cost Curve aufgeführt werden. Umgesetzte Maßnahmen sind zudem durch ein unternehmensspezifisch ausgestaltetes Kennzahlensystem auf deren Effekte, bezogen auf die verursachten CO_2-Emissionen, zu überwachen und kontinuierlich zu bewerten. Auf diese Weise kann die CO_2-Effizienz der Transportdienstleistung sukzessive erhöht werden.

Darüber hinaus ist eine organisationale Verankerung des CO_2-Managements vorzunehmen, darunter fallen die Ausgestaltung von **Strukturen** und **Systemen**. Bei den Strukturen ist neben einer formalen auch die fachliche Verantwortlichkeit für die einzelnen Aufgabenfelder eines CO_2-Managemts im Unternehmen zu regeln. Im operativen Betrieb sind dabei folgende Aufgaben zu berücksichtigen:

- Erfassung von Daten
- Aufbereitung von Daten

M. Gogolin, T. Klaas-Wissing, „ GreenTool" als Grundlage für das CO_2-Management, Advanced Purchasing & SCM 5, DOI 10.1007/978-3-662-45521-0_11

- Interpretation der Kennzahlen (inkl. Abweichungsanalyse)
- Entscheidung über Maßnahmen

Idealerweise werden diese Aufgaben Mitarbeitern bzw. Funktionen zugeordnet, die möglichst viele Synergien zu bestehenden operativen Aufgaben nutzen können.

Bei der Integration eines Emissions-Managements in die **etablierten Managementsysteme**, sind im Besonderen Informationssysteme zu betrachten, da mittels Technologieeinsatz eine effiziente Emissionsberechnung unterstützt wird. Dabei können sich Lösungsansätze in einem Spektrum von manuellen (z. B. „GreenTool") bis hin zu weitgehend automatisierten IT gestützten Lösungen bewegen. Die Verfügbarkeit der Datensätze und Reportinganforderungen der verladenden Wirtschaft (z. B. Frequenz, Detailliertheit) stellen dabei zentrale Kriterien für die Ausgestaltung einer sachgerechten Lösung dar.

Anhang

I Bewertung/Auswahl der Standards zum CO_2-Accounting

Eine Bewertung und Auswahl der unterschiedlichen Standards zum CO_2-Accounting mit speziellem Blick auf transportintensive Logistikdienstleister kann anhand der nachfolgenden Kriterien erfolgen (Tab. A.1):

- **Anwendungsfelder** (fokussiert sich auf den inhaltlichen Schwerpunkt des jeweiligen Standards, z. B. CO_2-Fußabdrücke, Funktionsbereiche)
- **Verbreitung** (thematisiert die Bedeutung/Anwendungshäufigkeit der jeweiligen Standards in der Praxis)
- **Exaktheit** (greift den Umfang und die Detailliertheit der Richtlinien und Vorgaben insbesondere im Transportbereich auf)

II Operative Grenzen – Bewertung/Auswahl relevanter Scope 3-Emissionen

Insgesamt unterscheiden die Standards der GHG Initiative zwischen 15 unterschiedlichen Kategorien bei den Scope 3-Emissionen. Da der Standard schwerpunktmäßig für produzierende Unternehmen ausgelegt ist, werden einzelne Kategorien in vor- und nachgelagerte Wertschöpfungsschritte untergliedert (vgl. WBCSD und WRI 2011a). Daher wurde im Rahmen des Handbuchs eine Vorselektion bereits in der Form vorgenommen, dass einzelne Kategorien, die inhaltlich identisch, aber in vor- und nachgelagerte Wertschöpfungsschritte unterteilt worden sind, zusammengefasst werden. Die Bewertung der Kategorien auf deren Relevanz erfolgt unter Berücksichtigung von Nutzen- und Kostenabwägungen. Als Nutzenkriterium ist die Möglichkeit der Beeinflussung der Höhe von CO_2-Emissionen durch gezielte Maßnahmen des eigenen Unternehmens angesetzt worden. Der mit der Erfassung der Emissionen einhergehende Ressourcenaufwand (z. B. Zeitaufwand für die Erfragung von erforderlichen Inputdaten bei Servicepartnern und für die Emissionsberechnung) stellt das zentrale Kostenkriterium dar (Tab. A.2).

© Springer-Verlag Berlin Heidelberg 2015
M. Gogolin, T. Klaas-Wissing, „GreenTool" als Grundlage für das CO_2-Management, Advanced Purchasing & SCM 5, DOI 10.1007/978-3-662-45521-0

Tab. A.1 Bewertung relevanter Standards zum CO_2-Accounting

Organisation / Initiative	Anwendungsfelder	Verbreitung	Exaktheit
Greenhouse Gas Protocol Initiative (GHGPI)	• Berechnung von Unternehmens-CO_2- Fußabdrückenund Logistik-CO_2- Fußabdrücken in Transportketten • Berechnung von Verlader-CO_2- Fußabdrücken in Produktionsk- etten und Produkt-CO_2- Fußabdrücken	• Am häufigsten angewen- dete Standards [1,2]	• Sehr umfangreich • Wenig detailliertim Transportbereich • Schwerpunktmäßig ausgelegtfür die Anforderungen von produzierenden Unternehmen
Comité Européen de Normalisation (CEN)	• Berechnung von CO_2- Emissionskennzahlen im Transportbereich	• Veröffentlicht Anfang 2013 • Mit hoher Wahrscheinlich- keit Entwicklung zum wichtigsten Standard im Transportbereich im europäischen Raum [2,3]	• Umfangreich • Sehr detailliert im Transportbereich
International Organization for Standardization (ISO)	• Berechnung von Unternehmens- CO_2-Fußabdrücken und Logistik-CO_2-Fußabdrücken in Transportketten • Berechnung von Verlader- CO2-Fußabdrücken in Produktionsketten und Produkt- CO2-Fußabdrücken • Grundlage für eine Zertifizier- ung von Unternehmen	• WeiteVerbreitung [3]	• Wenig umfangreich • Wenig detailliert im Transportbereich • Basiert auf den Standards der GHGPI und verweist hinsichtl- ich weiterer Detaillier- ung auf die Standards der GHGPI
British Standards Institution (BSI)	• Berechnung von Produkt-CO_2- Fußabdrücken (physische Produkte und Dienstleistungen)	• Weitgehend beschränkt auf Großbritannien	• Umfangreich • Wenig detailliert im Transportbereich

Quellen: [1] vgl. CDP 2012
[2] vgl. Kranke, A.; Schmied, M.; Schön, A. 2011
[3] vgl. DSLV 2013

III Bewertung/Auswahl von Kriterien zur Abgrenzung von Fahrzeuggruppen

Bei der Festlegung von Fahrzeugeinsatzsystemen sind geeignete Kategorien für die Abgrenzung der Fahrzeuggruppen zu bestimmen. Die Bewertung der einzelnen Kategorien erfolgt unter Berücksichtigung des Einflusses auf den Kraftstoffverbrauch und einem statischen Gesichtspunkt. Grundsätzlich gilt, dass, je höher der Einfluss einer Kategorie auf den Kraftstoffverbrauch des Fahrzeugs ist, desto bedeutender ist dieses für die Abgrenzung von Fahrzeuggruppen. Zudem sind bei der Abgrenzung von Fahrzeuggruppen nur weitgehend statische Kategorien, d. h. Kategorien, die kaum Veränderungen im Zeitablauf unterliegen, zu berücksichtigen. Werden dynamische Kategorien (z. B. der Verkehrsfluss) genutzt, kann dies dazu führen, dass Fahrzeuge in Abhängigkeit der jeweiligen Ausprägung (z. B. flüssiger Verkehr oder Stop-and-Go) in unterschiedlichen Fahrzeuggruppen einzuordnen sind. Dies würde

Tab. A.2 Bewertung unterschiedlicher Kategorien von Scope 3-Emissionen (1/2)

Kategorie	Beschreibung der Kategorie	Relevanz für LDL
1. Zugekaufte Waren	• Emissionen aus Bereitstellung, Produktion und Transport zugekaufter Waren	• Kaum beeinflussbar • Sehr hoher Erfassungsaufwand ➢ Geringe Relevanz
2. Investitionsgüter (z.B. Lkw)	• Emissionen aus Bereitstellung, Produktion und Transport zugekaufter Investitionsgüter	• Kaum beeinflussbar (zudem operativer Betrieb bedeutender) • Hoher Erfassungsaufwand ➢ Geringe Relevanz
3. Treibstoff- und energiebezogene Tätigkeiten, (nicht berücksichtigt in Scope 1 und Scope 2)	• Bereitstellung, Produktion und Transport zugekaufter Treibstoffe und Energie a) Emissionen aus Bereitstellung, Produk-tion und Transport von Treibstoffen bis zur Tankstelle b) Emissionen aus Bereitstellung, Produk-tion und Transport von Brennstoffen bis zum Kraftwerk c) Übertragungs- und Übermittlungsverluste von Energie	• Gut beeinflussbar (Ermöglicht den Vergleich und die gezielte Auswahl von Verkehrsträgern und Antriebstechnik bzgl. deren CO_2- Effizienz, da nicht nur die Emissionen, die bei der Verbrennung anfallen, berücksichtigt werden) • Geringer Erfassungsaufwand ➢ Sehr hohe Relevanz
4. Transportdienstleistungen	• Emissionen, die bei Transport, Lager- und Umschlagleistungen von Subunternehmern anfallen	• Gut beeinflussbar (Bewertung und Auswahl der Subunternehmer gemäss deren CO_2-Effizienz) • Teils hoher Erfassungsaufwand ➢ Sehr hohe Relevanz
5. Abfallaufkommen aus operativem Betrieb	• Emissionen, die bei der Entsorgung und Behandlung von Abfällen anfallen	• Kaum beeinflussbar • Mäßiger Erfassungsaufwand ➢ Keine Relevanz
6. Geschäftsreisen	• Emissionen, die bei Geschäftsreisen mit Transportmitteln anfallen, die nicht im Besitz des Unternehmens sind	• Begrenzt beeinflussbar • Hoher Erfassungsaufwand ➢ Geringe Relevanz
7. Pendlerverkehr der Angestellten	• Emissionen, die beim Transport der Angestellten vom Wohnort zum Arbeitsplatz anfallen	• Kaum beeinflussbar • Sehr hoher Erfassungsaufwand ➢ Geringe Relevanz
8. Geleaste Fahrzeuge	• Emissionen, die beim Betrieb geleaster Vermögenswerte anfallen, die nicht im Scope 1 enthalten sind	• Gut beeinflussbar (insbesondere im operativen Betrieb) • Mäßiger Erfassungsaufwand ➢ Hohe Relevanz
9. Beteiligungen	• Emissionen, die bei Beteiligungen anfallen und nicht in Scope 1 enthalten sind	• Gut Beeinflussbar • Hoher Erfassungsaufwand (Informationen für den Unternehmens-CO_2-Fussabdruck ➢ Hohe Relevanz

Legende:
Bedingt geeignetes Kriterium

Geeignetes Kriterium

Tab. A.3 Abgrenzung von Fahrzeuggruppen. (Quelle: In Anlehnung an: Léonardi et al. 2004, S. 20)

Kategorie	Spezifizierung der einzelner Kriterien	Eignung des Kriteriums
Fahrzeug:	Zulässiges Gesamtgewicht (z.B. bis 3.5 t, 3.5 t bis 7.5 t)	• Sehr hoher Einfluss auf den Kraftstoffverbrauch • Statisches Kriterium ➢ **Sehr hohe Relevanz**
	EURO-Norm (EURO 1 – EURO 6)	• Einfluss auf den Kraftstoffverbrauch • Statisches Kriterium ➢ **Hohe Relevanz**
	Antriebstechnik*** (z.B. Dieselmotor, Ottomotor, Gasmotor)	• Hoher Einfluss auf den Kraftstoffverbrauch • Statisches Kriterium ➢ **Relevanz**
Verkehrssituation:	Verkehrsfluss (z.B. flüssig, zähfließend, Stop-and-go, Stau)	• Einfluss auf den Kraftstoffverbrauch • Dynamisches Kriterium ➢ **Keine Relevanz**
Wetterbedingungen:	Witterung (z.B. Regen, Schnee, Sturm etc.)	• Mäßiger Einfluss auf den Kraftstoffverbrauch • Dynamisches Kriterium ➢ **Keine Relevanz**
Transportorganisation:	Organisationsform (Hauptlauf, Sammel- und Verteilfahrten, Langund Kurzstrecke, Pendelverkehre, Feeder)	• Hoher Einfluss auf den Kraftstoffverbrauch • Statisches Kriterium ➢ **Hohe Relevanz**
	Zuladungsgewicht (z.B. Massengut, • Hoher Einfluss auf den Durchschnittsgut, Volumengut) *	• Hoher Einfluss auf den Kraftstoffverbrauch • Häufig dynamisches Kriterium ➢ **Relevanz**
Streckencharakteristika:	Landschaftsprofil / Neigung (flach, leicht bis mäßig hügelig, stark hügelig, bergig)	• Hoher Einfluss auf den Kraftstoffverbrauch • Statisches Kriterium ➢ **Hohe Relevanz**
	Straßentyp (z.B. innerorts, außerorts, Landstraße oder Autobahn) **	• Einfluss auf den Kraftstoffverbrauch • Statisches Kriterium ➢ **Relevanz**
Fahrverhalten:	Energiesparende Fahrweise (z.B. Geschwindigkeit, Anzahl der Schaltvorgänge, Anzahl der Brems- und Beschleunigungsvorgänge)	• Einfluss auf den Kraftstoffverbrauch • Dynamisches Kriterium ➢ **Keine Relevanz**

Legende:

Bedingt geeignetes Kriterium

Geeignetes Kriterium

*   Das Zuladungsgewicht bei Transporten unterliegt häufigen Veränderungen, daher eignet sich dieses Kriterium trotz hohem Einfluss nur bedingt für die Abgrenzung von Fahrzeuggruppen. Bei Transporten mit weitgehend konstanten Zuladungsgewichten, kann ergänzend eine Abgrenzung nach dem Zuladungsgewicht der Güter vorgenommen werden.

**   Da Hauptläufe weitgehend auf Autobahnen bzw. Landstraßen und Sammel- und Verteilfahrten weitgehend innerorts erfolgen, liegt eine große Überschneidung mit der Organisationsform vor.

**   Aufgrund des geringen Anteils an Fahrzeugen mit alternativen Antriebstechnologien bei den Wirtschaftspartnern, stellt die Antriebstechnik noch kein geeignetes Abgrenzungskriterium dar.

zu erheblichem Mehraufwand bei der Bildung der Fahrzeuggruppen und schließlich bei der Berechnung von durchschnittlichen Kraftstoffverbräuchen führen. Der nachfolgenden Tab. A.3 kann die Bewertung der einzelnen Kategorien entnommen werden.

Annahmen:
- Wochenweise Betrachtung
- Täglich 5 Lastfahrten vom Zentrallager Basel ausgehend
- Täglich unterschiedliche Anzahl an Lkws, die nach Basel vorpositioniert werden müssen

Tag	1	2	3	4	5	6	7
Leerfahrten(Anzahl vorzupositionierender Lkws nach Basel)	3	2	0	1	0	4	0
Summe an CO_2-Emissionen durch Leerfahrten [kg CO_2e]	500	200	0	500	0	400	0

Berechnungen:

1. Aufsummieren der CO_2-Emissionen für die einzelnen Leerfahrten:

$(500 + 200 + 0 + 500 + 0 + 400 + 0)$
kg CO_2e= **1'600 kg CO_2e**

2. Ermittlung eines durchschnittlichen Aufschlagsatzes pro Tag:

1'600 kg / 7 = **229 kg CO_2e pro Tag**

3. Berechnung des zuzuschlagenden Leerfahrtenanteils je abgehendem Transport (bei 5 Fahrten pro Tag):

229 kg / 5 = **46 kg CO_2e pro Lastfahrt**

Abb. A.1 Anwendung verursachungsnaher Zurechnungsverfahren

IV Verursachungsnahe Zurechnungsverfahren bei Leerfahrten

Bei der Anwendung von verursachungsnahen Zurechnungsverfahren sind die zurückgelegten Last- und Leerfahrtenanteile vollständig bekannt, wobei die anfallenden Leerfahrten aber keiner Lastfahrt eindeutig zugeordnet werden können. Dies kann z. B. dann vorliegen, wenn zwei Fahrzeuge eine Vorpositionierung in Form eines Standortwechsels vornehmen und von diesem Standort 5 Lastfahrten am gleichen Tag erfolgen. In diesem Fallbeispiel können die beiden Leerfahrten den 5 Lastfahrten nicht eindeutig zugeordnet werden. Die Grundidee beim verursachungsnahen Zurechnungsverfahren ist, dass für einen bestimmten Zeitraum, z. B. eine Woche, die CO_2-Emissionen aller Leerfahrten ermittelt und anteilig den einzelnen Lastfahrten zugerechnet werden. Am nachfolgenden Beispiel (siehe Abb. A.1) wird die Anwendung dieses Verfahrens veranschaulicht.

Annahmen:
- Gesamte Transportstrecke: 100 km
- Lieferwagen mit Anhänger:
  - Durchschnittlicher Kraftstoffverbrauch: 16.8 l / 100 km
  - Leerfahrten: Verursachungsgerechtes Zurechnungsverfahren
  - Allokationsparameter: Tonnenkilometer
- Anwendung der Grosskreisdistanz

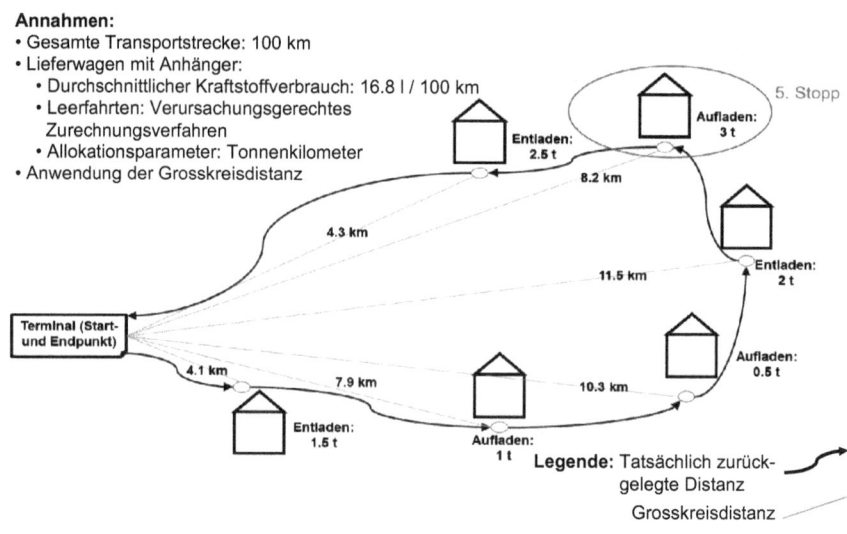

Berechnungen:

1. Gesamtsumme der Transportleistung:	(1.5 x 4.1 + 1 x 7.9 + 0.5 x 10.3 + 2 x 11.5 + 3 x 8.2 + 2.5 x 4.3) tkm= **78 tkm**
2. Transportleistung für den 5. Stopp:	3 t x 8.2 km = **25 tkm**
3. Anteilige Transportleistung für den 5. Stopp:	25 tkm/ 78 tkm= **32 %**
4. Gesamter Kraftstoffverbrauch für die Tour:	16.8 l / 100 km * 100 km = **16.8 l**
5. CO_2-Emissionen* der gesamten Tour:	3.2 kg CO_2e / l * 16.8 l = **54 kg CO_2e**
6. Anteilige CO_2-Emissionen für den 5. Stopp:	32% * 54 kg CO_2e = <u>**17 kg CO_2e**</u>

Abb. A.2 Berechnung von CO_2-Emissionen bei Sammel- und/oder Verteilfahrten. (Quelle: In Anlehnung an: DSLV 2013, S. 35 und 36)

V Allokation bei Sammel- und Verteilfahrten

Bei Sammel- und Verteilfahrten gibt die DIN EN 16258 dezidierte Richtlinien und Vorgaben im Hinblick auf die Vorgehensweise bei der Allokation von Treibhausgasen vor. Das nachfolgende Beispiel (dargestellt in Abb. A.2) verdeutlicht die einzelnen durchzuführenden Schritte bei der Berechnung von CO_2-Emissionskennzahlen:

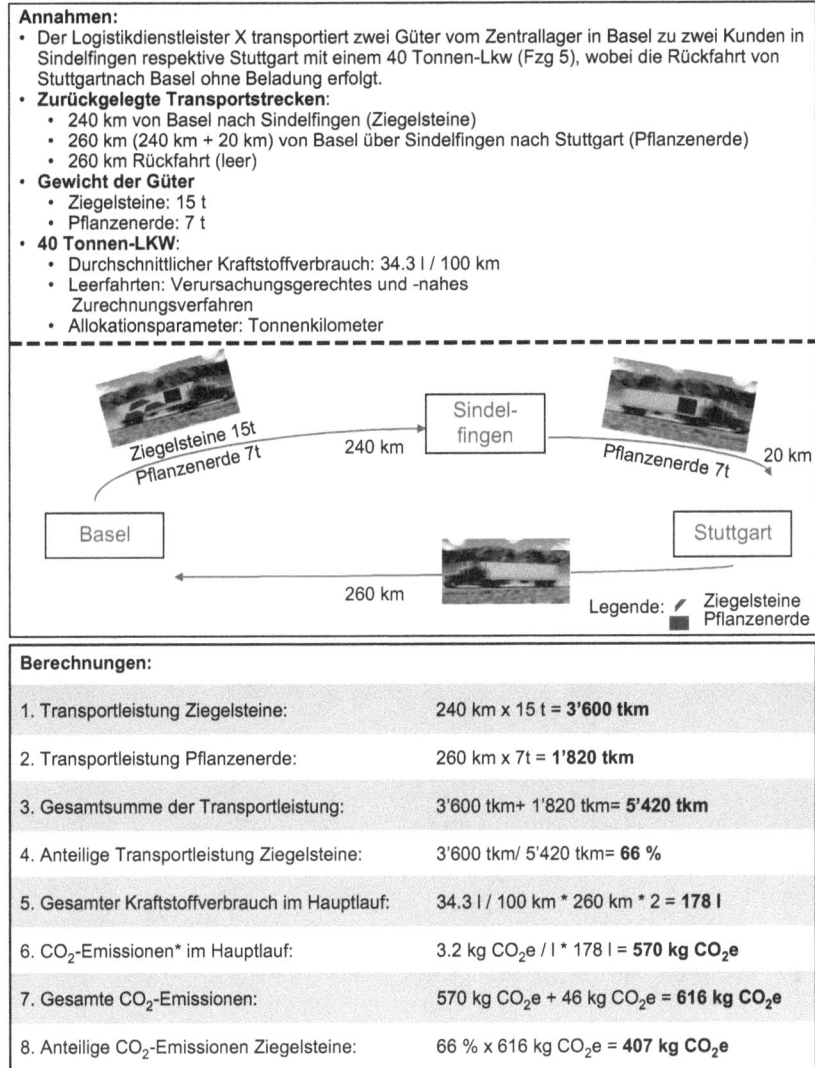

Annahmen:
- Der Logistikdienstleister X transportiert zwei Güter vom Zentrallager in Basel zu zwei Kunden in Sindelfingen respektive Stuttgart mit einem 40 Tonnen-Lkw (Fzg 5), wobei die Rückfahrt von Stuttgartnach Basel ohne Beladung erfolgt.
- **Zurückgelegte Transportstrecken:**
  - 240 km von Basel nach Sindelfingen (Ziegelsteine)
  - 260 km (240 km + 20 km) von Basel über Sindelfingen nach Stuttgart (Pflanzenerde)
  - 260 km Rückfahrt (leer)
- **Gewicht der Güter**
  - Ziegelsteine: 15 t
  - Pflanzenerde: 7 t
- **40 Tonnen-LKW:**
  - Durchschnittlicher Kraftstoffverbrauch: 34.3 l / 100 km
  - Leerfahrten: Verursachungsgerechtes und -nahes Zurechnungsverfahren
  - Allokationsparameter: Tonnenkilometer

Berechnungen:

1. Transportleistung Ziegelsteine:	240 km x 15 t = **3'600 tkm**
2. Transportleistung Pflanzenerde:	260 km x 7t = **1'820 tkm**
3. Gesamtsumme der Transportleistung:	3'600 tkm+ 1'820 tkm= **5'420 tkm**
4. Anteilige Transportleistung Ziegelsteine:	3'600 tkm/ 5'420 tkm= **66 %**
5. Gesamter Kraftstoffverbrauch im Hauptlauf:	34.3 l / 100 km * 260 km * 2 = **178 l**
6. CO_2-Emissionen* im Hauptlauf:	3.2 kg CO_2e / l * 178 l = **570 kg CO_2e**
7. Gesamte CO_2-Emissionen:	570 kg CO_2e + 46 kg CO_2e = **616 kg CO_2e**
8. Anteilige CO_2-Emissionen Ziegelsteine:	66 % x 616 kg CO_2e = **407 kg CO_2e**

Abb. A.3 Berechnung von CO_2-Emissionen im Hauptlauf. (Quelle: In Anlehnung an: DSLV 2013, S. 34)

VI Allokation am Beispiel Hauptlauf

Bei der Allokation im Hauptlauf liegen keine vergleichbaren Vorgaben wie bei Sammel- und Verteilfahrten vor. Im nachfolgenden Beispiel erfolgt die Berechnung und Allokation von CO_2-Emissionskennzahlen anhand einer Rundtour mit zwei unterschiedlichen Sendungen (Abb. A.3).

Literatur

BAFU. (2011). Kernindikator Treibhausgas-Emissionen. http://www.bafu.admin.ch/umwelt/indikatoren/08557/08568/index.html?lang=de. Zugegriffen: 4. Aug. 2014.

Carbon Disclosure Project (CDP). (2012). Carbon Disclosure Project 2011. Deutschland/Österreich 250. http://www.cdproject.net/CDPResults/CDP-2011-Germany-Austria-Report-German.pdf. Zugegriffen: 4. Aug. 2014.

Deutscher Speditions- und Logistikverband e. V. (DSLV). (2013). Berechnung von Treibhausgasemissionen in Spedition und Logistik. 2. aktualisierte Aufl. Heidelberg 2013. http://www.verkehrsrundschau.de/sixcms/media.php/4513/DSLV-Leitfaden_Berechnung_von_THG-Emissionen_Stand_03-2013.pdf. Zugegriffen: 4. Aug. 2014.

Deutsches Institut für Normung (DIN). (2013). Methode zur Berechnung und Deklaration des Energieverbrauchs und Treibhausgasemissionen bei Transportdienstleistungen.

Eidgenössisches Departement für Umwelt, Verkehr, Energie und Kommunikation (UVEK). (2014). Klimapolitik der Schweiz ab 2013. http://www.bafu.admin.ch/klima/12325/index.html?lang=de. Zugegriffen: 4. Aug. 2014.

Europäische Kommission, Generaldirektion Mobilität und Verkehr. (2011). Weissbuch. http://eur-lex.europa.eu/LexUriServ/LexUriServ.do?uri=COM:2011:0144:FIN:DE:PDF. Zugegriffen: 4. Aug. 2014.

IFEU Heidelberg, Öko-Institut, IVE, & RMCON. (2011). EcoTransITWorld: Ecological transport information tool for worldwide transports. http://www.ecotransit.org/download/ecotransit_background_report.pdf. Zugegriffen: 4. Aug. 2014.

Intergovernmental Panel on Climate Change (IPCC). (2007). Synthesis Report. Contribution of working groups I, II and III to the fourth assessment report of the intergovernmental panel on climate change. IPCC, Geneva, Switzerland.

International Energy Agency (IEA). (2009). Transport, energy and CO2: Moving toward sustainability, OECD publishing. http://www.iea.org/publications/freepublications/publication/transport2009.pdf. Zugegriffen: 4. Aug. 2014.

Kranke, A., Schmied, M., & Schön, A. (2011). CO_2-Berechnung in der Logistik. München: Verlag Heinrich Vogel.

Léonardi, J., Baumgartner, M., & Krusch, O. (2004). CO_2-Reduktion und Energieeffizienz im Straßengüterverkehr Max-Planck-Institut für Meteorologie. Hamburg 2004. http://www.mpi-met.mpg.de/fileadmin/publikationen/Reports/max_scirep_353.pdf. Zugegriffen: 4. Aug. 2014.

Ministère de l'Écologie, du Développement durable et de l'Énergie. (2012). Information on the quantity of carbon dioxide emitted during transport. Frankreich 2011. http://www.legifrance.gouv.fr/jopdf/common/jo_pdf.jsp?numJO=0&dateJO=20121205&numTexte=20&pageDebut=19020&pageFin=19028. Zugegriffen: 4. Aug. 2014.

© Springer-Verlag Berlin Heidelberg 2015

M. Gogolin, T. Klaas-Wissing, „GreenTool" als Grundlage für das CO_2-Management, Advanced Purchasing & SCM 5, DOI 10.1007/978-3-662-45521-0

Muschkiet, M., & Institut für Transportlogistik, TU Dortmund. (2014). CO_2-Methodenbaukasten. http://www.itl.tu-dortmund.de/cms/de/home/CO2-Methodenbaukasten/index.html. Zugegriffen: 4. Aug. 2014.

Stiftung für Fachempfehlungen zur Rechnungslegung. (SWISS GAAP 2014). Swiss GAAP FER Rahmenkonzept. http://www.fer.ch/inhalt/fachempfehlungen/swiss-gaap-fer-standards/rahmenkonzept.html. Zugegriffen: 4. Aug. 2014.

Stölzle, W., Hofmann, E., & Lampe, K. (2013). *Logistikmarktstudie Schweiz 2013. Gesamtmarkt, Segmente, Standorte, Potenziale. Logistikmarkt.* Bern: GS 1 Schweiz.

World Business Council for Sustainable Development (WBCSD), & World Resource Institute (WRI). (2004). The greenhouse gas protocol – A corporate accounting and reporting standard. http://www.ghgprotocol.org/files/ghgp/public/ghg-protocol-revised.pdf. Zugegriffen: 4. Aug. 2014.

World Business Council for Sustainable Development (WBCSD), & World Resource Institute (WRI). (2011a). The greenhouse gas protocol – Corporate value chain (scope 3) accounting and reporting standard. http://www.ghgprotocol.org/files/ghgp/Corporate%20Value%20Chain%20(Scope%203)%20Accounting%20and%20Reporting%20Standard.pdf. Zugegriffen: 4. Aug. 2014.

World Business Council for Sustainable Development (WBCSD), & World Resource Institute (WRI) (2011b). The greenhouse gas protocol – Product life cycle accounting and reporting. http://www.ghgprotocol.org/files/ghgp/Product%20Life%20Cycle%20Accounting%20and%20Reporting%20Standard.pdf. Zugegriffen: 04. Aug. 2014.

Zeitfracht Medien GmbH
Ferdinand-Jühlke-Straße 7
99095 Erfurt, Deutschland
produktsicherheit@kolibri360.de